教育部人文社会科学研究项目"产业结构升级背景下新型□□□□
动演进研究"（项目编号：16YJAZH085），研究起止时间 2016.0□-2019.06

湖南省哲学社会科学基金项目"新型城镇化背景下产业集群与区域物流互动
机制研究"（项目编号：17YBA142），研究起止时间 2017.06-2019.06

现代物流业与产业结构优化、新型城镇化互动研究

◎邹　筱　周　欢　李玉琴　著

吉林大学出版社

·长春·

图书在版编目（CIP）数据

现代物流业与产业结构优化、新型城镇化互动研究 / 邹筱，周欢，李玉琴著 . — 长春 ： 吉林大学出版社，2019.12

ISBN 978-7-5692-6081-6

Ⅰ．①现… Ⅱ．①邹… ②周… ③李… Ⅲ．①物流—产业发展—研究 Ⅳ．① F252

中国版本图书馆 CIP 数据核字 (2020) 第 021383 号

书　　名：现代物流业与产业结构优化、新型城镇化互动研究
XIANDAI WULIUYE YU CHANYE JIEGOU YOUHUA、XINXING
CHENGZHENHUA HUDONG YANJIU

作　　者：邹　筱　周　欢　李玉琴　著
策划编辑：邵宇彤
责任编辑：周　婷
责任校对：代景丽
装帧设计：优盛文化
出版发行：吉林大学出版社
社　　址：长春市人民大街 4059 号
邮政编码：130021
发行电话：0431-89580028/29/21
网　　址：http://www.jlup.com.cn
电子邮箱：jdcbs@jlu.edu.cn
印　　刷：三河市华晨印务有限公司
成品尺寸：170mm×240mm　　16 开
印　　张：12
字　　数：200 千字
版　　次：2019 年 12 月第 1 版
印　　次：2019 年 12 月第 1 次
书　　号：ISBN 978-7-5692-6081-6
定　　价：56.00 元

随着中国经济发展进入新阶段，现代物流业在我国经济发展中变得至关重要，发展现代物流业正逐渐成为优化生产力布局、调整产业结构、促进新型城镇化发展的一项战略性举措。现代物流业是支撑国民经济和社会发展的基础性、战略性产业，大力发展现代物流业，实现物流业高质量发展，不仅是物流业自身发展的要求，也是经济高质量发展的重要推动力量。而新型城镇化是以城乡统筹、城乡一体、产业互动、节约集约、生态宜居、和谐发展为基本特征的，与传统城镇化不同，新型城镇化建设与区域经济发展和产业布局紧密衔接，充分考虑了资源环境承载能力，是新常态下推动大中小城市、小城镇、新型农村社区协调发展的重要方向。随着我国新型城镇化建设的不断推进，产业结构转型升级成为社会经济发展的重大现实问题。只有通过产业结构优化，使各产业实现协调发展，才能更好地适应新型城镇化建设发展趋势，这就对产业结构问题突出、发展模式急需转变的问题提出了更为迫切的产业结构优化要求。如何促使现代物流业、新型城镇化建设与产业结构优化这三者之间相互促进，充分发挥产业集聚优势对新型城镇化建设、现代物流业的推动作用，是学术界和实务界研究的重要问题。

本书首先从现代物流、新型城镇化和产业结构优化的内涵出发，在回顾了这三者国内外发展概况的基础上，研究了这三者相互之间的作用。其次，分析了现代物流业发展与产业结构优化的互动机理，产业结构优化是提升现代物流发展水平的驱动力，提升现代物流业发展水平是产业结构优化的催化剂。通过现代物流业与新型城镇化互动作用机制，发现现代物流业是新型城镇化发展强有力的支撑，新型城镇化是现代物流业发展的牵引力。以广东省为例分析了现代物流业与新型城镇化的互动关系，利用 VAR 模型验证了现代物流业与新型城镇化的相互促进作用。

总体而言，本书进行了大量艰苦、深入、细致的研究，采用文献研究、案例分析与实证检验等定性与定量方法，系统地分析了现代物流业、新型城镇化和产业结构优化的互动关系，对于现代物流业与新型城镇化建设理论及其应用研究具有一定的创新性。

目 录

第1章
绪　论

1.1　研究背景

　　近年来，现代物流业在我国国民经济发展中发挥着重要的作用，发展现代物流业正逐渐成为优化生产力布局、调整产业结构、促进新型城镇化发展的一项战略性举措。关于产业结构优化与物流业的发展，相关文件分别从国家层面和湖南省层面明确指出促进两者协同发展的重要作用。《物流业发展中长期规划（2014—2020 年）》提出，现代物流业在推动产业结构升级、建设生态文明、提高国民经济发展水平等方面发挥着战略性的作用。[①]《湖南省现代物流业发展三年行动计划（2015—2017 年）》明确提出以产业联动提升产业集聚区生产物流服务能力，全面提升全省物流业专业化和信息化水平，建设物流大省的战略要求。区域物流能力的提升不仅能促进区域经济协调发展，还能为区域产业结构的转型发展指明方向。[②]产业结构升级既符合"两型社会"科学内涵，又是新型城镇化推进过程中需要实现的重大任务，党的十八届五中全会进一步明确了"产业结构优化升级是提高我国经济综合竞争力的关键举措，要大力发展服务业尤其是现代服务业"。在经济新常态背景下，现代物流业已被纳入我国振兴行业中，在国民经济发展中的地位日益突出。党的十八届五中全会提出物流业发展应以绿色、健康、降本增效为导向，实现物流业集约化、智能化、标准化发展。在这一政策指导下，湖南省实施《湖南省现代物流业发展三年行动计划（2015—2017）》，要求在 2018 年之前，全省物流业增加值突破 2 500 亿元，

① 安静赜.推动经济高质量发展要下大气力破难题、补短板 [J].北方经济,2018(04):21-23.
② 王汉宸.新型城镇化背景下山西省产业结构优化与区域物流能力互动关系研究 [D].太原理工大学,2015.

物流总费用占 GDP 比率下降 18.2%。[1] 物流业作为融合和衔接制造、商贸等行业的复合型生产性服务业，能够优化产业结构，促进社会分工，进而创造更多的就业机会，在很大程度上缓解了城镇化进程中人口及空间结构压力，已经成为中国城市化进程的支撑手段。《湖南省新型城镇化规划（2015—2020）》要求加速转变城镇化发展方式，优化城镇布局及规模结构，走健康、可持续的城镇化发展道路。加速城镇化发展不仅有利于优化产业结构，还能推动经济平稳健康发展。与此同时，新型城镇化进程中人口与资源要素不断向城镇积聚，引起生产、生活用品的流动，为物流业的发展注入新活力。[2] 协调两者的关系，在推进新型城镇化进程的同时，带动物流业发展，成为国内学者需要解决的当务之急。

纵观国内外的发展实践，产业结构优化升级与物流能力的提升之间存在千丝万缕的联系。物流能力提升不仅能带动区域内支柱产业的发展，同时原有工业结构和整体产业结构也会随之优化升级；而产业结构不断优化升级又能带动物流发展所需的基础条件、政策和经济环境的逐步改善，从而提升物流能力发展水平。这说明两者之间能够相互促进、共同推动区域经济的科学协调发展。但在实际发展过程中，现代物流业发展还存在着物流产业集约化程度低、发展方式粗放、结构体系不健全等方面的不足，限制了其对产业结构调整发挥的促进作用；而产业结构存在的层次低、创新驱动力不足、产业协作度差等问题在一定程度上阻碍和制约了现代物流业的发展。新型城镇化和现代物流业是现代经济社会发展的重要组成部分，两者协同发展将共同促进经济社会发展。而现有的理论研究大多集中在新型城镇化与经济发展、物流业与经济发展方面，有关新型城镇化与现代物流业的互动发展方面的研究较少。因此，研究产业结构优化、新型城镇规划与现代物流能力的互动关系，对推动经济的科学协调发展和建设"两型社会"、新型城镇化具有重要意义。

---

① 湖南省政府办公厅.湖南省现代物流业发展三年行动计划 (2015—2017)[N].湖南日报，2015-06-05(07).

② 湖南省政府办公厅.湖南省新型城镇化规划 (2015—2020)[N]. 湖南日报 2015-10-01(03).

1.2 研究意义

本课题在一定程度上能够充实现代物流理论的相关研究。目前有关现代物流的研究大多局限于物流需求、物流竞争力评价、供应链管理或者物流业对产业结构优化的单向促进作用及物流业和新型城镇化分别对经济发展的影响等方面。鲜有学者研究产业结构优化、新型城镇化与现代物流能力的互动关系。因此，选择本课题进行研究，在一定程度上能够丰富现代物流的相关研究内容，对产业结构优化、新型城镇化与现代物流能力发展水平进行综合测度是对产业结构优化、新型城镇化与现代物流能力理论研究的拓展与完善。

1.3 目的与对象

建立产业结构优化、新型城镇化与现代物流能力综合评价指标体系，对湖南省区域物流能力和产业结构优化发展水平、新型城镇化发展水平进行测度，为推动湖南省区域经济的发展与制定相关产业政策提供数据支撑；从内在与外在、宏观与微观角度分析影响产业结构优化、新型城镇化与现代物流能力互动发展的因素，并构建两者互动发展理论模型，有助于明确影响两者互动发展的关键因素，促进两者的良性发展；借助向量自回归模型（VAR）对湖南省产业结构优化、湖南省新型城镇化与区域物流能力互动发展进行实证分析，并据此提出有针对性的对策建议，在一定程度上为推动产业结构优化、新型城镇化与现代物流能力的科学协调发展提供建议及参考。

1.4　研究方法与基本框架

1.4.1　研究方法

本书的主要研究方法如下。

文献分析法：通过归纳总结与对比分析与本课题相关的研究成果，明确与本课题相关研究的研究现状及研究不足，为下文做进一步研究提供理论依据。

定性与定量分析相结合：本书首先通过定性的方法对相关文献资料进行归纳总结，并在此基础上提出产业结构优化与区域物流能力互动发展理论模型；然后采用定量研究的方法对该模型进行验证，指出湖南省发展中存在的问题，并提出相应的对策建议。

数理建模与实证研究：运用主成分分析法，提取衡量产业结构优化、新型城镇化与区域物流能力发展水平的关键成分，并构建评价指标体系。在综合得分的基础上，运用向量自回归模型与误差修正模型对湖南省产业结构优化、新型城镇化与区域物流能力的互动关系进行实证分析，指出互动发展中存在的问题并提出对策建议。

1.4.2　基本框架

本书首先通过大量文献归纳出与本课题相关的研究成果，在此基础上对产业结构优化、新型城镇化与现代物流能力的概念进行科学界定；其次，基于前人研究对产业结构优化与现代物流能力及新型城镇化与现代物流能力之间的互动机理进行探讨，并构建两者的互动关系模型；接着构建两者的综合评价指标体系，对湖南省产业结构优化与现代物流能力水平和湖南省新型城镇化与现代物流能力水平进行测度；最后在评价结果的基础上对湖南省产业结构优化、新型城镇化与现代物流能力的互动关系进行实证分析，并针对研究结果提出有针对性的对策和建议，如图1-1所示。

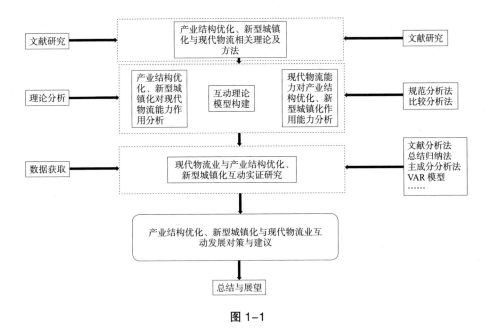

图 1-1

第2章
相关研究

2.1 相关概念界定

2.1.1 现代物流概念界定

1.物流业

当前，关于物流业的定义，学者持有不同的观点，对此意见还未达成一致。关于物流业的概念，本书主要采用的是丁俊发教授的观点：物流业是一个全新的聚合型或复合型的新兴产业，由经产业化的交通运输、仓储、装卸、流通加工、配送等环节组合而成。通过物流业的中间环节，可以得出结论：物流业是富有生产性的服务性行业。①

2.传统物流与现代物流

传统物流是指工厂最终产品通过包装、输送和储存从一个地区到另一个地区的历程。简而言之，传统物流仅仅是产品的地理转移。现代物流又可以称为综合物流，罗书林（2009）认为，现代物流就是从生产地到消费地间整个物品供给。②换句话说，将物流由生产地扩展到消费地，从采购环节到物品的最后回收环节，为期间的流通环节提供优质专业的物流服务，并且利用现代化的技术和组织模式，使整个过程更具有高效性、便捷性和计划性。现代物流主要采用的是一体化的管理方式，从而对传统物流的各个环节进行信息化处理，这样有利于交易费用的降低，也有利于产业的效率和效益得到提升，最终给用户带

① 丁俊发.中国物流业发展报告[J].中国流通经济，2008(8)：64-66.
② 罗书林.现代物流对促进区域经济协调发展的作用机理[J].重庆电子工程职业学院学报，2009，18(5)：57-59.

来更好的体验。现代物流业是在传统物流的基础上，不断地转型升级的产业，与传统物流相比较而言，它是将包装、运输、配送、仓储等有机整合的系统性供应链，从而为第三方提供高效且全面的物流服务。

2.1.2　产业结构优化相关概念

1.产业结构

产业结构又被称为国民经济的部门结构，换句话说，是各个产业的组合结构和产业与产业间的比重关系，主要包括各产业部门之间的经济技术、数量关系和部门自身的内部结构，目前大部分是指产业间的比重关系。[①]产业结构的主要几个方面包括三次产业的比重、农轻重的比重以及生产资料和生活资料两大部类的关系，而产业结构中三次产业所占比重的高低往往决定着一个经济体的效益水平。此外，它还可以被细分为投资、就业和技术等结构。

2.产业结构优化

本书从以下两个方面阐述了产业结构的调整：第一，调整产业间的比例，以提升产业之间的关联性；第二，发展高层次产业结构，促使主要产业逐渐向第二、第三产业的发展阶段转变。效率提高的现象证明，技术水平、管理途径和产品质量等要素的有效利用得到了加强。但是，为了实现产业结构的优化，必须实行资源的有效供给和经济的稳步发展。因而，在本书探究中，优化产业结构被比作资源交换器。周振华（2014）的《产业结构优化论》一书中明确提出：产业结构优化包括产业结构合理化和高度化这两个要素。[②]产业结构合理化意味着根据当前的技术能力、市场、员工和资源禀赋的整体需求，对与标准不符合的产业结构进行调整。它从根本上提高了经济效益，最终形成了良好的共同发展和共同进步的氛围。产业结构高度化，对产业结构进行调整，使第一产业逐步转向二、三产业，衡量区域经济实力，改变未来发展方向。

因此，本书总结了产业结构的相关概念，具体如下。

产业结构合理化，是指为了促进产业结构的动态平衡，有必要熟知资源境况和消费需求，调整不合理的产业构造，通过各行业间资源的优化配置，巩固

---

① 吴长顺.营销学 [M].北京：经济管理出版社，2002.

② 周振华.产业结构优化论 [M].上海：上海人民出版社，2014.

产业联动。产业结构的合理化并不一定意味着产业的完全均衡，而是能够在关注协调和互补的产业之间进行转型。从静态的视角来看，合理的产业结构不仅要求产业之间具有合理性，还要求产业内部的比重具有合理性，最终能够合乎国民整体经济进步的需求；从动态的视角来看，合理的产业结构指的是产业投入与产出之间的合理比例，即各种产业的发展速度和经济增长速度，这些产业应在彼此依存的产业原则基础上相互调整；从质态的视角来看，各产业部门的关联、变动和趋势不仅要求与产业结构升级的宗旨适宜，还必须同产业结构的总体方向保持相关性。

产业结构高度化，是指在资源和技术有限的前提下，通过一定阶段的发展变动，对现有资源和技术整合利用，从而实现技术、知识的集约化发展。产业结构的高度化发展会更加重视知识、技术的提高和应用。产业结构高度化的内容如下：（1）就本质而言，随着高新技术等产业的发展，整个社会的有机构成也会发生一定的改变。随着经济的快速发展，产业必须适应经济发展的速度，新兴产业在这个过程中逐渐诞生。（2）就结构发展而言，产业结构高度化会使产业向第三产业转型。此外，产业结构的高度化也会使资源的结构发生一定的改变，逐渐过渡到技术密集型。（3）就产业的制造而言，产业结构高度化会使产业的制造逐渐向产品的成品、半成品方向过渡。

此外，还包括产业结构的可持续化。随着社会的发展，城市化进程日益加快，而产业结构要适应城市化进程的速度，必须进行优化。它体现在经济和可持续发展两个方面。因此，为了对产业结构优化的度量更加科学化，本书在开展研究时，结合了产业结构合理化的相关理论，并在产业结构中增加可持续化的度量标准。产业结构的可持续化强调在经济发展的过程中，对产业的不合理结构进行调整，其中包括对高耗能、生产效率较低的产业进行调整，从而促使该产业降低耗能，提高生产率，由此促进该产业的健康、持续发展。[1]

---

①吕明元，王洪刚.京津冀产业结构生态化演进对能源结构的影响[J].首都经济贸易大学学报，2016，18(2): 50-60.

2.1.3 新型城镇化相关概念

1. 城镇化

早在 19 世纪 60 年代，城镇化的概念就已经被提出。[①] 经过多年的发展，城镇化的概念已经逐渐被各个国家应用。我国的城镇化概念是从国外引进的，而我国学者长期以来都在针对城镇化和城市化的概念区别进行研究。本书认为两者的概念区别是由于国外翻译导致的认知误差，无论是城市化，还是城镇化，其内涵都相同。[②] 早在 20 世纪 80 年代，我国就已经开始召开了关于城镇化的讨论会。会议对城市化、城镇化的概念进行了区别，并强调此后用城市化直接替换掉城镇化。但是，讨论会的研究结果并没有得到各个学者的认可。20世纪 90 年代初，我国学者辜胜阻在其发表的文章中对城镇化的概念进行了首次扩展。[③] 之后我国在召开的"十五"规划会议中明确提出了城镇化的发展战略。此后，城镇化替换掉了城市化。学术界也认可了城镇化的概念。本书开展课题研究时，收集了关于我国城镇化的相关概念界定的资料，发现目前我国学者针对城镇化的概念并没有形成统一的意见。我国学者针对城镇化进行了多角度的分析和研究，提出了各自对城镇化概念的理解。[④] 有的学者将城镇化的概念定义为农村人口实现城镇转换的过程；[⑤] 有的学者认为城镇化指的是农村经济从农业转向工业的过程；[⑥] 有的学者认为城镇化的定义为农村逐渐演变为城市的过程。通过上述描述可以看出，不同的学者对城镇化的定义有不同的理解。本书依据上述理论对城镇化的概念进行了界定。本书认为，城镇化指的是农村逐渐演变为城市的过程，也可以表示农村人口向城市转移的过程。由于农村人口涌入城镇，导致城镇的人口数量增多，促进了城镇经济的发展。城镇的产业结构逐渐向第三产业过渡。此外，在城镇发展过程中，城镇的医疗体系逐渐完

① 陈小坚. 中国城镇化背景下宝德地产营销战略研究 [D]. 天津大学，2013: 7-15.

② 谢文惠，邓卫. 城市经济学 [M]. 北京：清华大学出版社，1996.

③ 辜胜阻. 非农化与城镇化研究 [M]. 杭州：浙江人民出版社，1991.

④ 祁林德. 中国农村城镇化现状与对策研究 [J]. 农业经济，2015(6): 15-17.

⑤ 魏国芳，曹梅娟. 城市化对老年人生活质量影响的研究进展与展望 [J]. 护理学报，2015(3): 27-29.

⑥ 夏雪松. 基于城乡统筹的农村城镇化问题研究 [D]. 中国农业大学，2005: 9-18.

善，城镇开始普及基础教育。城镇尤为重视提高城镇人口的素质。城镇在发展时也非常重视对环境的保护。由此可知，城镇化是人口、经济、社会、文化、生态环境等各方面的转变。

2.新型城镇化与传统城镇化

新型城镇化和传统城镇化相比有较大的区别。自改革开放后，我国经济发展较快，城市化进程速度也加快，城市的规模不断扩大，越来越多的农村人口开始进城务工。而农村人口进城务工，乃至在城市扎根生活的过程被称为传统的城镇化。[①]传统的城镇化主要呈现出粗放型特点。由于城市工业化的不断发展，农村人口进城务工，导致城市的人口不断增多，因此城市的发展规模逐渐扩大，人口的增多也会导致城市资源的消耗增加。在城市发展时，城市的环境、服务等多个领域都出现了失衡的状况。我国政府制定的城镇化的发展战略大多采用的是传统模式，虽然该模式能够实现我国短时间内的城镇化发展要求，但是也会带来很多的问题。例如，该模式导致我国的城镇和农村出现二元结构。此外，该模式不具有可持续性的发展特性，也会造成城镇化发展进程中大量的资源浪费，还会造成我国环境污染等严重问题。

基于传统城镇所存在的种种弊端，学者通过大量的研究，最终提出了新型城镇化的发展模式。新型城镇化的发展概念最早是在党的十八大上提出的，要实现新型城镇化的发展道路，在城镇化发展的过程中，实现绿色、低碳的城市化发展，这也是我国此后城镇化发展的重要模式。新型城镇化是一种绿色、文明的发展战略，新型城镇化的模式不仅能够帮助城镇实现快速扩张、增加城镇的人口，还能实现对城镇产业结构的合理调整，也能有效地保护生态环境。最终实现"人的无差别发展"。新型城镇化的概念尚没有统一，部分学者认为，新型城镇化的目标是实现城镇的健康、持续发展。新型城镇化的发展战略以绿色、健康作为发展目标，不仅能够实现城镇产业结构的调整和升级，也能实现产业的低碳转型。目前，新型城镇化已经成为我国城镇化的主要发展模式。[②]

---

① 李益南.传统城镇化与新型城镇化对比研究[J].知识文库,2016(18):244.
② 李程骅.科学发展观指导下的新型城镇化战略[J].求是,2012(14):35-37.

2.2 现代物流业领域的研究

2.2.1 国内学者对物流的研究

国内学者对物流的研究主要体现在以下几个方面：物流成本、物流效率、未来发展趋势以及物流与电子商务结合的趋势等。例如，范林榜（2014）认为，权衡物流业的发展水平和运行效率可以通过社会物流成本占 GDP 的比重来实现，选择相关的指标，建立多元线性回归模型，同时对影响物流成本的重要因素展开实证的研究和分析。[①] 如果市场化程度越高，经济发展水平也就越高，那么物流的成本会相对更低，但是物流成本的关键决定因素在于产业结构和科技的状况。最终得出结论，市场化程度、经济发展水平与物流成本这三者之间不存在显著的相关性，产业结构、科技水平和物流成本三者之间呈现正相关的关系，范林榜根据结果提出建设性的政策建议。李煜、高永琳、骆温平（2015）[②] 通过运用数据包络分析法和灰色关联度分析法，测算了我国制造业与物流业的综合效率，并对我国物流业与制造业之间的关联度进行分析，研究表明我国物流业的效率低于制造业效率，我国需要加大物流业的创新力度，加快产业结构调整，以促进制造业与物流业的协调发展。

我国当前经济发展已经进入新常态。宋则分析指出，目前我国现代化物流行业的发展已经进入新常态，需要将物流行业的短期目标定为降低运输成本，长期目标则是减少库存成本。[③] 刘满芝等（2009）对江苏地区 13 个地方的物流效率展开实证研究并指出，当前我国电子商务发展较为迅速，有学者在电子商

---

① 范林榜.社会物流成本占 GDP 比重的影响因素 [J].财经科学，2014(8): 88-96.

② 李煜，高永琳，骆温平.基于产业效率的我国制造业与物流业联动研究——以八大经济区为例 [J].企业经济，2015, 34(10): 122-126.

③ 宋则."十三五"期间促进我国现代物流业健康发展的若干要点 [J].财贸经济，2015, 36(7): 5-14.

务的背景下对我国物流业的发展进行了相关研究。[1] 侯颖利用 VAR 模型验证了电子商务和物流业之间的长期动态关系，分析得出电子商务对物流的推动作用明显强于物流对电子商务，证实了在电子商务背景下，物流业仍有很大提升空间。[2]

此外，国内学者也用测量的方法研究现代物流业的效率。例如，贺竹磬等（2006）通过 DEA 分析评价不同区域的物流效率，得出为提高我国区域物流效率，可以通过优化投入结构和模式来实现的结论。[3] 林坦等人（2008）利用随机边界分析（SFA）评估了 2003 年至 2006 年中国各省市的物流效率，并得出了中国物流效率的区域性差异。[4] 刘静和谭克东（2015）指出，为了进一步推动现代物流业的发展，甘肃省在信息和技术支持方面初步形成了比较完整的数字信息资源系统。[5]

2.2.2 国外学者对物流的研究

物流起源于欧洲和美国，1901 年 John F. Crowel[6] 对物流进行了概念界定。Arch Show 在 1915 年讨论了在流通战略中物流所起到的作用。[7] 后来，欧美国家中物流理论基本形成。1962 年彼得德鲁克强调物流管理应该受到高度重视。Douglas M. Lambert（1976）[8] 指出，在物流活动中占据最大一部分的是库存费用。物流理论逐渐趋于成熟化，第三方物流这一概念被欧美国家提出，S. E. Leahy

① 刘满芝，周梅华，杨娟. 基于 DEA 的城市物流效率评价模型及实证 [J]. 统计与决策，2009(6): 50-52.

② 侯颖. 电子商务背景下我国物流业发展研究 [D]. 郑州：郑州大学，2015.

③ 贺竹磬，孙林岩. 我国区域物流相对有效性分析 [J]. 科研管理，2006, 27(6): 144-150.

④ 林坦，王玲. 基于 SFA 方法的我国区域物流效率分析 [J]. 港口经济，2008(12): 46-49.

⑤ 刘静，谭克东. 甘肃省物流行业在国家"一带一路"战略中的机遇 [J]. 合作经济与科技，2015, (20): 12-13.

⑥CROWELL J F.Report of the Industrial Commission on the distribution of farm products[M]. Washing, D. C: Governmet Printing Office, 1901: 32-34.

⑦SCHARY P, SKJØTTLARSEN T. Managing the global supply chain[J]. International Marketing Review, 2014, 88(5): 167-177.

⑧DOUGLAS M LAMBERT, BERNARD J. La londe, inventory carrying costs[J].Management Accounting, 1976, 32(2): 31-35.

（1995）[1] 指出，第三方物流类似合同物流，在欧美国家第三方物流得到蓬勃发展。进入 21 世纪，欧美发达国家已经具备很高的物流发展水平，国外学者对物流的研究主要集中在使用数学模型对实际的物流问题进行优化研究。例如，Jayaraman V.（1999）[2] 等提出再制造的闭环物流模型，为了确定再制造产品在制造、配送、转让、生产及库存方面的最佳数量，构建了 0-1 混合整数规划模型。Mentzer J. T、Flint D. J.（2013）[3] 发现结构方程模型虽然为客户群体的物流服务质量提供了解释说明，但每个细分市场的相关参数估计值不同，企业应该按照客户细分定制物流服务。对物流的研究，国外学者也将研究重点转移到了供应链优化上，如将博弈模型运用到供应链决策中，Esmaeili M. 等（2009）[4] 全面运用博弈模型展开实证分析和研究。Rabinovic E.（2006）[5] 等在研究过程中通过 DEA 和 BCC 这两个模型来深入探讨物流企业的经营效率的相关影响因素。现阶段物流发展随着经济发展呈现出更加复杂的趋势，Levans 与 Michael A. 提出全球物流业具有不确定性，并且供应链问题面临着巨大挑战。[6]

总体而言，关于物流的研究国内外均偏重于实践方面，欠缺对物流理论基础的深入探讨，而相关的研究趋于理论，不能够有效地指导实践的应用，这也是当前研究过程中的主要问题。由此可见，国内学者对物流的研究主要是现代物流的特点，以及利用计量模型对物流效率进行分析；相反，国外的物流发展较早，国外学者研究物流的优化问题，主要是研究第三方物流。

①LEAHY S E, MURPHY P R, POIST R F. Determinants of successful logistical relationships: A third-party provider perspective[J]. Transportation Journal, 1995, 35(2): 5-13.

②JAYARAMAN V, GUIDE V D R, SRIVASTAVA R. A closed-loop logistics model for remanufacturing[J]. Journal of the Operational Research Society, 1999, 50(5): 497-508.

③MENTZER J T, FLINT D J. Logistics service quality as a segment-customized process[J]. Journal of Marketing, 2013, 65(4): 82-104.

④ESMAEILI M, ARYANEZHAD M B, ZEEPHONGSEKUL P. A game theory approach in seller-buyer supply chain[J]. European Journal of Operational Research, 2009, 195(2): 442-448.

⑤RABINOVICH E, KNEMEYER A M. Logistics service providers in internet supply chains[J]. California Management Review, 2006, 48(4): 84-108.

⑥LEVANS MICHAEL A. Global logistics: Uncertainty is a constant[J]. Logistics Management, 2017, 56(2): 1-9.

2.3 产业结构优化领域的研究

2.3.1 关于产业结构的演进理论

1.配第－克拉克定律

17 世纪末威廉·配第开始对产业机构进行研究，揭示了各个国家的人均收入水平会受到产业结构的影响，特别是针对资本主义国家经济的研究中发现农业对人均收入的影响机理远不及制造业和商业的影响。另外，配第也在古典经济学理论基础上对国家经济发展过程的基本趋势展开相应的分析，并且得出结论：对于国家的投入方面而言，农业明显低于工业，产出比明显不足，但是由于农业的总体收入要比工业更高，两者在附加值上有一个明显的差异。[①]除此以外，他还认为随着生产效率的差异不断加大，各劳动因素会朝着第三产业不断聚集，这也为后续产业结构的逐渐稳步发展奠定了基础。考林·克拉克在前人的研究基础上对相应的理论进行了深层次的探讨，他提出的经济进步条件对整个学术界产生了重要的影响作用，他在产业的分类方面也奠定了将来研究过程的基础理论。在克拉克看来，由于不同的国家所处的地区有一定差异，所以在产业结构和产出的数据方面需要充分整理，同时借助比较分析法来对各产业的构成状况展开深入研究，从而也能够发现不同产业的收入状况也有很大差别。如果经济发展情况较差，那么产业的收入差异也会不断加大，进而就会让劳动力在不同的产业中实现迅速地转移。如果一个国家从事第一产业的劳动力减少，那么就可以推导出第二和第三产业的占比开始加大，人均收入也开始逐渐提升。从劳动力的三次产业构成状况展开全面的分析，此时也可以进一步推导得出整个产业结构的变化状况，针对这一种变化规律，人们将其称为配第－克拉克定律。[②]

---

① 郭克莎.结构优化与经济发展 [M].广州：广东经济出版社，2001.

② 叶连松.转变经济发展方式与调整优化产业结构 [M].北京：中国经济出版社，2011：71-79.

2. 库兹涅茨的"现代经济增长"理论

现代经济增长理论是由著名俄裔美国经济学家库兹涅茨提出的，该理论主要集中对于人均产值和结构变动两个因素展开分析，他将所有的产业划分为三个不同的部分，分别为农业、工业和服务行业。通过对国民收入在不同产业下的相应数据展开全面的整理，也可以发现农业在整个国民收入中的占比开始逐渐下降，工业随之上升，而服务行业作为第三产业则会在将来为国民收入做出巨大贡献。通过这一系列的数据也可以发现，无论对任何形式的国家而言，其中第三产业始终是较为平稳的，而第一产业的构成状况始终不如第二产业，因此也不会发生太大的变化，在经历一段时间的变革之后，农业劳动力逐渐减少，流向第二和第三产业。这种变化趋势是所有国家经济发展必经的过程。

针对其中的相应原因，罗兹涅茨展开全面的总结，他认为，由于国民经济发展程度的不断提升，人们生活水平也会逐渐出现较大的变革，从而消费结构和生活需求等各个方面也会发生较大的改变。此时农业生产相应的需求逐渐趋于稳定，其他的替代产品会大量出现，而农业则会面临困境。在整个农业发展过程中，由于相应的科技投入的欠缺，农业发展不能满足当今社会高速发展的需求，因此农业在整个国民经济的发展过程中的贡献程度会不断降低。除此以外，由于部分大型设备在此过程中得以应用，农业的生产效率得到了提升，农业的劳动力需求又会进一步减少，这也是农业在国民收入中所占比例不断下降的原因之一；但是对于第二产业而言，此过程中其比例一直会处于不断增加的状态，主要原因是国家在这方面提供了较多支持，所以此行业的发展会不断加快，而且其在劳动力方面的需求也会逐渐加大。但是随着科学技术的不断进步，第二产业的生产效率能够得到快速提高，这就会减少劳动力需求。总而言之，第二产业中劳动力的需求被控制在一个合理范围之内。针对第三产业而言，其比例会不断上升，主要原因是人们生活水平逐渐提升，服务方面的需求开始逐渐增加，而第三产业劳动力需求的增加也会进一步增加该产业在整个国民经济中占有的比重。

3. 罗斯托——主导产业扩散效应理论

罗斯托在研究过程中将经济增长的主要因素概括为某些部门所做的相应工作，同时对整个经济增长过程开展动态的分析并深入地概括相应领域的增长特点，从而总结得出经济增长不同阶段的相应理论。罗斯托认为，针对一个地区而言，某些主要的产业应该得到快速的发展，这一观点的正确性已经被多个国家验证，这也代表着经济发展过程中不同的领域也存在着较大的发展差异。但是整个发展过程中，主导产业并不是一成不变的，产业会伴随着经济发展程度的不断加深发生相应的变化，因此在这个过程中必须要对整个产业合理地进行全面调控，这样才能以产业的发展带动整个社会的进步。

2.3.2 国内学者对产业结构优化的研究

国内学者对产业结构优化方面的相关研究状况的研究成果如下。周振华（1992）在研究产业结构优化的过程中将其分为两个不同部分来开展研究，第一个部分是产业结构的高度化，它能够实现产业结构从低端到高端的发展。在此过程中，国家的各个产业可以得到合理优化。第二个部分是产业结构的合理化，它是指三个产业在总体的比例上能够得到合理的分配，另外产业间的关联度不断提升，整个产业结构逐渐均衡。李鸣、平瑛（2000）认为产业结构优化就是让整个产业结构更加合理，并且推动产业长远发展。[1]从对产业结构优化的定义来看，在此过程中要采用各类手段不断加强对整个产业的全面优化，实现产业长远发展。

杜传忠、郭树龙（2011）分析指出，对于我国而言，产业结构的优化需要不断完善相应的技术，同时扩大整体的劳动就业规模，而调整进出口规模对产业结构的优化作用并不明显[2]；杨智峰等分析指出，当前我国产业结构优化的重要环节就是要实现工业技术的不断发展，同时要依靠信息和服务产业推动经济增长，其中对国民经济影响最大的行业包括机械工业、服务行业等[3]。

当前有较多学者开展了对结构优化路径的全面研究，同时实践和理论等方面的研究在不断完善：杨国庚、杨奇（2009）通过研究发现，要想有效地改变我国的经济发展模式，必须要提高环保意识，同时加强对产业的深入优化，这

---

① 李鸣，平瑛.产业结构优化理论综述及其新进展 [J].黑龙江农业学，2010(3): 116-118.
② 杜传忠，郭树龙.中国产业结构升级的影响因素分析——兼论后金融危机时代中国产业结构升级的思路 [J].广东社会科学，2011(7): 60-62.
③ 杨智峰，陈霜华，汪伟.中国产业结构变化的动因分析——基于投入产出模型的实证研究 [J].财经研究，2014(9): 38.

样才能够找到产业发展的最优路径，为整个产业的优化奠定基础[①]；高志文、李莉（2011）认为发展过程中要以主导的产业为主，同时实现服务行业和高新技术产业等多个行业的全面优化，找到最优的发展路径[②]；周红英（2011）和曾宇（2012）也开展了对产业结构优化路径的全面研究，并且指出，战略性的新兴产业是最好的选择，它可以不断帮助产品实现换代和升级，也能够提升整个产业链的深度，从而有效地改变产业的总体结构[③]。

2.3.3　国外学者对产业结构优化的研究

在经济飞速发展的大环境之下，产业结构必然迎来改变，只有紧跟经济变化的步伐，才可以与社会整体经济形态的演变和发展相契合。不管是以政策干预的方式还是借助市场机制的作用，但凡这种调整经过能够使产业结构的合理性更高或使其与经济的发展更适调整，则这样的调整经过即为产业结构优化过程。国外的学者在相应的优化理论方面的研究更具时代价值，各个阶段所诞生的产业理论代表着各阶段产业结构发展演变的方式各不相同，具有更突出的理论借鉴价值。其中以罗斯托、筱原三代平、赫希曼的研究最具代表性。

罗斯托（1953）指出，应当深层次地探究主导产业群的发展改变过程，从低端向高端的转变不但对区域经济的增长起到了强大的拉动作用，而且对国家经济的发展起到了关键的促进作用。作为亚洲的发达国家，日本注入了诸多物资、人力来全方位地探究产业结构优化问题[④]。筱原三代平（1957）把生产率上升基准、需求收入弹性基准囊括进日本产业结构优化的准则。在他看来，需求弹性比较大的产业因其产品的增多可以创造更丰厚的收入，对规模经济效益的运用将会更加高效，从而使利润率快速上涨。通常生产率增长比较快的产业其

---

① 杨国庚，杨奇 . 产业结构优化升级研究理论综述 [J]. 全国商情，2009(9)：7-9.

② 高志文，李莉 . 优化产业结构的路径选择 [J]. 首都师范大学学报（社会科学版），2011(6)：124-128.

③ 周红英，贺正楚，张训 . 战略性新兴产业与我国产业结构优化升级 [J]. 经济地理，2011(12)：61-64.

④ [美] 罗斯托 . 贺力平，等译 . 从起飞进入持续增长的经济学 [M]. 成都：四川人民出版社，1988：17-23.

生产成本相对较小，而且其技术提升的速度相对较快。如此一来，各种资源就更易于被该产业吸引，并不断地为其所用，从而促使其发展速度远超于其他产业的发展速度，使该产业慢慢地成长为推动某个地区或国家的经济增长的关键部分[①]。赫希曼（1958）在《经济发展战略》中提出，部分不可行性问题的发生要求发展中国家必须把有限的资源及资本汇聚在一起，并投资于所挑选出的关键的企业或产业，这在促进该产业发展的同时对其他的产业起到一定的拉动作用；政府也应认识到本国产业发展的不足之处及突出特点，将重心放在关键产业或领域上，这样才可以基于优势产业的发展带动相关产业，进而出现联动效应，以优化产业结构的方式推动整个国家的经济发展[②]。

2.4　新型城镇化领域的研究

2.4.1　新型城镇化的经典理论

西方学者们用学术界的理论假设来对新型城镇化进行相关研究，他们不断加深对该领域的研究，并取得了新的进展，为新型城镇化奠定了理论基础。这些理论主要包括马克思、恩格斯的城镇化理论，马克思、恩格斯的人本思想理论和发展经济学二元结构理论。

1.马克思、恩格斯的城镇化理论

马克思和恩格斯对城市概念的界定为城镇化理论的形成奠定了基础。在对资本主义城乡经济发展规律的揭露过程中，马克思和恩格斯揭露了资本主义人口运动规律，即劳动力逐渐从农村转向城市。他们认为，社会分工以及生产力的发展是造成城乡分离及对立的根本缘由，而资本主义大工业的生产及发展使城乡冲突愈发突出，城乡对立状态愈加严重。这种分离且对立的状态带来了十分严重的问题，加重了城乡之间的利益冲突，导致"城市病"愈加恶化，破坏了乡村生态环境的平衡，这些是城乡经济统筹发展的重重障碍。在全面研究城

---

① 筱原三代平.经济研究 [M].东京：日本一桥大学出版社，1957.

② [德] 阿尔伯特·赫希曼.潘熙东，曹征海，译.经济发展战略 [M].北京：经济科学出版社，1978：43-46，105-109.

乡关系的基础上，马克思和恩格斯指出，城乡分离与对立是人类社会发展必须经历的短期阶段。同时，他们科学地预测，当无产阶级掌权并建立新制度时，城乡一体化的实现将是生产力逐步发展和社会分工成熟的必然结果。与此同时，马克思和恩格斯指出，这是一个长久的社会历史过程，而且具有较高的复杂度。

2. 马克思、恩格斯的人本思想理论

马克思以"现实人"的实际需要为根本，以人不同于其他动物的特有本质为切入点，先提出人类的本质就是生产劳动，接着又指出人的现实性本质是社会关系，人的需要是人的内在本质，就此将西方人道主义中的"抽象人"的思想枷锁打破，创造了人本思想。基于此，马克思和恩格斯以科学的手段使人和社会、自然间的问题得以化解，同时设立了民众在现实操作中的历史主体地位，最后明确了"以人为本"的中心思想。此类思想将人的内在本质以及对自由的追求展现得淋漓尽致，并且使人的现实自觉性得以达成，对科学主义、人道主义、现实主义三类精神的高度辩证统一进行了展现。现如今，中国共产党遵从我国城镇化发展的客观规律，结合其新形势提出了新型城镇化路径，这和马克思主义"以人为本"的思想要义是高度契合的。

3. 发展经济学二元结构理论

前期的发展经济学家所研究的二元经济结构下劳动力在产业间的流动问题的诸多成果为城镇化研究打下了牢靠的理论根基。伯克（Boek，1953）在对印度尼西亚经济发展的现实状况进行阐述的时候，就运用了"二元经济结构"。刘易斯（Lewis，1954）假定劳动力的供给是无限的，并以此为基础设立了两部门（传统农业与现代工业）的结构发展模型。他指出工业部门可以对自农业部门转出的余留劳动力进行持续吸收，以实现劳动力在地域及产业间的彻底转移，此模型的出现为二元经济结构理论打下了根基。拉尼斯及费景汉（Ranis，Fei，1961）基于对数理统计方法及微观经济学理论的合理运用，整合出了"拉尼斯—费景汉模型"（Ranis-Fei model，也就是拉费模型）。他们把劳动力的流动过程分为三个阶段，并认识到农业在促进工业增长中的作用以及生产率的提高导致的农业剩余在劳动力流动期间所起到的真正作用，可以说补充了刘易斯的理论。乔根森（Jogenson，1967）——典型的新古典主义者，他提出了全新的二元经济结构模型，指出一旦人口增速慢于农业发展的速度，那么农业剩余的情况就必然会发生，此类剩下的劳动力对于工业部门的发展将会十分有益；另外他还发现消费需求结构的改变是劳动力转移的根本原因。托达罗（Todaro，1969）以城市失业问题为着手点，整合出了人口流动模型，指出城乡之间的迁移的关键缘由是收入的现实状况与预期大不相符。可见就算城镇存在失业现象，一旦农村的现实收入及迁移成本比预期值低，那么其人口迁移的情况就必然会发生。此模型在某种程度上对过度城镇化进行了解释，同时对城乡统筹发展促进工业化的必要性进行了阐述。

上述理论都对城市发展的终极目的进行了强调，即促成人的全面发展，它们都为新型城镇化的研究及发展打下了稳固的理论根基。

2.4.2 国外关于城镇化的相关研究

我国所讲到的"城镇化"就是西方所讲的"城市化"，此概念是西班牙的著名工程师 A.Serda（1867）在他的著作《城市化的基本理论》中提出的。著名的德国经济学家勒施（Losch，1969）在其所写的《经济空间秩序》一书中讲到，"即使地球是一个平坦而均等的球体，城镇仍会因为种种理由而产生"。这表明城市作为某种社会生产方式，是由不同的物质要素以及物质过程在空间上产生的，同时出现了各式各样的城市个体和它的子系统。它们之间存在着某种联系，同时会出现某种经济效益，这类经济效益要比分散系统的社会经济效益的总和还要大 [1]。美国经济学家 M.P.Todaro（1999）在《发展中国家的劳动力迁移和产生发展模型》一书讲到，人口由农村向城市的转移，不仅取决于城乡之间实际收入的差距，也取决于城市就业率的高低 [2]。就城市发展的进程来讲，很多欧美学者对其进行了科学论证。Northam（2003）使用一条 S 曲线来表示全球城市化进程，同时把城市化过程分成三个阶段，即初期阶段、中期阶段、后期阶段 [3]。外国学者把城市和农村当作一个整体来研究开始于 20 世纪 80 年

---

[1]LE SHI. Assessing progress in research on industrial evolution and economic small business [M]. Economics, 1969.

[2]TODARO M P. The paradox of China's growing under-urbanization [M]. Economic Systems, 1999.

[3]MNortham R.Industrial composition of edge cities and downtowns[J].Economic Development Quarterly, 2003(9): 259-272.

代。施特尔和泰勒共同提出了"选择性空间封闭"发展理论，他们提倡要大力建设农村，以农村为中心发展城市和乡村的交通以及通信网络，采用"自下而上"的发展模式。"deskota"模式是由麦基（2008）提出的，他认为第一、二、三产业之间存在着密切的关系，城乡的互动越来越紧密，二者之间的差距在不断减小，同时它们之间存在互相作用和互相影响的关系[①]。"络"和"流"的概念是道格拉斯在其区域网络发展理论中提到的，他认为乡村结构的改变和发展通过一系列"流"与城市的功能和作用，"流"必然导向一种"城乡联系的良性循环"。外国的很多学者不但研究和证实了城市化发展进程的各种理论，而且研究了城市化质量。著名美国经济学家沃纳·赫希（2010）在《城市经济学》一书中讲到，城市化就是农村经济发展成为城市经济的过程，实现了由人口稀疏、空间分布均匀向相对对立的转变[②]。著名日本学者山田浩之[③]（2008）的观点是城市化重点体现在经济和社会文化两个方面。伊利英作为苏联比较有名的社会学家，他认为，城市化事实上就是生活在城市中的人口增多以及城市在国民生活中所发挥的作用日益显著的过程。Maclaren（2005）为城市的可持续发展制定了四项基本指标，城市的发展必须要遵循广泛性、前瞻性、综合性和分布性[④]。广泛性是指评价过程要公平合理；前瞻性是指一定要明确清晰地规划出未来发展的方向及终极目标；综合性是指一定要将社会、环境、资源、经济等要素全部综合起来并体现在衡量指标中；分布性是指城市人口、地理空间等分布特点。道格拉斯·诺斯（1999）指出，城市化的进程中的五大要素分别是人口、社会、政治、文化及经济，城市化就是五大要素之间相互作用的结果[⑤]。

①GEREFFI G, HUMPHREY J, STURGEON T. The governance of global value chains [J]. Review of International Political Economy, 2005, 12(1): 78-104.

②WORNA HERXI. Agglomeration and dispersion of high-order service employment in the montreal metropolitan region, 2010-96[J].Urban Studies, 2010, 39(3): 359-378.

③Yamada Hiryoulci. Urbanization, agglomeration, and coagglomeration of service industries [M]. Chicago: University of Chicago Press, 2008.

④MACLAREN.The suburbanizatin[M].Boulder, CO: Westview, 2005.

⑤DORGROUS. Urban geography[M]. New York: John Wiley & Sons, 1999.

2.4.3 国内关于新型城镇化的相关研究

目前，在城镇化进程中，其结构性矛盾和问题日益突出，严重地阻碍了经济的可持续发展，传统城镇必须加快向新型城镇转化。新型城镇化越早实现就越能够使我国扩大内需，扩大内需会促进我国大中城市的转变，进而形成符合科学规律的城镇体系，这不但能够有效地促进经济升级转型，而且能够进一步加快现代化进程。牛文元（2009）的观点是，我国区域经济能够快速增长的动力离不开新型城镇化，新型城镇化将作为庞大的载体承载着新一轮财富的涌动[①]。李克强（2012）指出中国在实现现代化的进程中将会把新型城镇化作为最基本的战略，尤其是在国际经济格局发生了巨大变化的背景下，我国的经济出现了新常态变化，下行压力非常大，我国只有走新型城镇化之路才可以拥有足够的内需动力[②]。张占斌（2013）认为，就当前形势而言，我国经济要想持续健康发展必须要依赖新型城镇化这个引擎，我国要想扩大内需同样离不开新型城镇化这个新动力，势必要保证城镇化发展的高水平，出台合理有效的公共政策，全力攻克改革难题，这样才能够确保新型城镇化最终产生巨大的经济效应[③]。

石忆邵（2013）主张，从人本主义理论的角度看，城镇化的本质是人的城镇化，具有社会性投资特征的城镇化发展能够有效地改善人民的生活质量，对于改善生态环境有着独特的效果[④]。倪鹏飞（2013）的思想观点是，新型城镇化提高了经济效益，破除了二元结构，大大地推动了社会公平正义，能够有效实现城市与乡村的基础硬件环境整体化、公共服务均等化[⑤]。李爱民（2013）认为，新型城镇化需要坚定生态文明理念，优化城镇化发展模式，推动人口城镇化与土地城镇化融合发展，建设宜居环境，从而提

① 牛文元.中国新型城市化战略的设计要点 [J].中国科学院院刊，2009(3)：130-137.

② 李克强.协调推进城镇化是实现现代化的重大战略选择[J]行政管理改革，2012(11)：4-10.

③ 张占斌.新型城镇化的战略意义和改革难题 [J].国家行政学院学报，2013(2)：48-54.

④ 石忆邵.中国新型城镇化与小城镇发展[J].经济地理，2013(7)：47-52.

⑤ 倪鹏飞，颜银根，张安全.城市化滞后之谜：基于国际贸易的解释 [J].中国社会科学，2014(7)：107-124，206-207.

高城镇化发展的质量[①]。李国平（2013）表示，新型城镇化在多个方面发挥了决定性影响，改善了我国新旧"双二元结构"矛盾，避免了隐性失业的产生，提供了更多的就业岗位，促进了城乡收入协调发展[②]。姚世谋（2015）有着不一样的想法，他认为新型城镇化决定着我国社会经济发展的方向，新型城镇化有着人文情怀，强调大众化和公共服务普遍化，极大地帮助了中国经济又好又快可持续发展。城镇化作为一项政府牵头的影响范围广的公共基础性工程，与广大农民的命运息息相关，它不仅仅是一代人的发展问题，还会影响祖孙后代的福祉[③]。辜胜阻（2014）点明了新时期经济发展的重中之重在于新型城镇化，在新型城镇化中起决定性作用的五大要点为"人、业、钱、地、房"："人"是城镇化的关键；"业"是城镇化产业储备，为市民提供相对稳定的岗位机会；"钱"是城镇化建设的坚实后盾；"地"是助力城乡土地一体化，推动农村的土地流转；"房"是让进城人口住有所居。新型城镇化要坚持正确的城镇化发展方向，加强改革力度和深度，促进五大要素间的融合和作用的发挥[④]。

总而言之，国内外学者的研究为新型城镇化奠定了理论基础。国内研究者在构建新的城市化水平指标体系和选择测量方法方面为本书提供了重要参考。但是，关于新型城镇化指标体系，国内外研究者并没有指明指标体系的出处和依据，只是依照现在研究的刚需或者通过对各个指标进行非客观层面的简单分类构建的。

2.5 现代物流业与产业结构优化、新型城镇化间的关系研究

对于产业结构调整优化与物流业之间的关系，国内外学者很少进行直接研究。国内一些学者会依据产业结构调整会给市场上流通的产品带来变化，

① 李爱民．中国半城镇化研究 [J]．人口研究，2013(7)：80-91．

② 李国平．新型城镇化与收入倍增 [J]．河南社会科学，2013(7)：1-5．

③ 姚士谋，张平宇，余成，等．中国新型城镇化理论与时间问题 [J]．地理科学，2014(6)：641-647．

④ 辜胜阻，刘江日．城镇化要从"要素驱动"走向"创新驱动"[J]．人口研究，2012(6)：3-12．

进而物流业的发展也会受到影响这一情况，对这两者之间存在的深层次的关系进行研究与分析。有学者对产业结构调整与现代物流业的相关性进行了研究。范林榜（2012）利用多元线性回归模型得出产业结构与物流成本存在明显的相关性[1]。乐小兵（2013）利用协整回归方程和灰色关联分析法，实证研究了现代物流业和产业结构改革的关系。他经过分析得出结论，物流贡献率与产业结构升级率协调发展、共同发挥作用、持续作用时间长，并且现代物流业在很大程度上会受到第二产业结构升级率的波动变化的影响[2]。陈晓玥（2014）把目光转向 2006—2012 年东南沿海六省物流业变化情况和产业结构调整实际，巧妙利用三个固定效应面板数据模型，立足于东南沿海现代物流业的变化态势，深入探索产业结构的调整和变革。其研究得出，产业结构的调整与物流成效、供给及需求都具有显著的相关性，并为此提出了建设性的政策建议[3]。钟俊娟、王健（2013）运用灰色关联分析法从产业整合的角度分析了中国物流业与三大产业的相关性。他们经研究发现两者之间存在很强的相关性，但物流的内部结构具有不合理性[4]。此外，张宝友（2012）实证研究了物流行业标准与产业升级的关系，最后得出这两者之间具有相关性[5]。

对于产业结构调整优化与物流业之间的关联度，国外学者很少直接进行研究，其主要研究范畴是物流业与其他产业的内部运行机制的关系及其影响因素，和国内学者研究领域有较大差别，这与发达国家较早研究产业结构有一定的关系。Akintoye 等（2000）对建筑行业中的供应链管理进行了相关

---

[1] 范林榜.社会物流成本占 GDP 比重的影响因素 [J].财经科学，2014(8)：88-96.

[2] 乐小兵.现代物流与产业结构升级关联机制研究 [J].物流技术，2013(4)：198-200.

[3] 陈晓玥.产业结构对现代物流业发展的影响——基于我国东南沿海六省面板数据的实证研究 [J].重庆交通大学学报，2014(4)：24-27.

[4] 钟俊娟，王健.我国物流业与三次产业的关联度——基于产业融合视角 [J].技术经济，2013，32(2)：39-44.

[5] 张宝友，孟丽君，黄祖庆.物流产业标准与产业升级的关联性研究 [J].山西财经大学学报，2012(3)：58-67.

探究，明确提出建筑供应链中，物流运输的目标应当被承包商明确[①]。Kunisa（2007）以泰国为例对产业园与物流结构之间的关系进行了深入研究[②]。Aoyama（2006）以美国为例探究了在工业化中物流业所发挥的作用，并对在当代经济中处于领先地位的物流业的演变过程进行了研究探讨，加深对技术和空间之间相互作用的理解，最终为产业结构优化提出了建议[③]。

为了研究产业结构与物流的动态关系，国内学者主要运用计量模型来说明产业结构对现代物流业发展的影响，或者通过实证分析物流业的发展对产业的优化升级起到了推动作用。但相关研究在国外较少进行，有些国外学者利用数学模型来剖析两者之间存在的关系。一般来说，他们会研究特定物流业的相关物流优化问题，很少以宏观的方式研究产业结构与物流的关系，这与国外产业结构调整优化的实际有一定的关系。因此，产业结构优化与现代物流业发展的关系的研究具有现实意义。

新型城镇化理论蓬勃发展，国内学者致力于探索城镇化与产业结构改革的关联程度以及时优化城镇化的评价规范，评价的具体内容也随之改变，进而使新型城镇化与产业结构升级的关系更加符合实际国情。蓝庆新、陈超凡（2013）分析了城镇化和产业结构升级在我国各省的分布格局和空间上的相互依赖性。他们通过运用空间自相关检验及构建空间滞后模型和空间误差模型进一步研究产业结构优化和新型城镇化的关联程度。大量调查指出，中国新型城镇化和产业结构优化相互作用、相互影响。这集中表现为高水平区域集中、低水平区域分散；新型城镇化大大地影响着产业结构的优化升级进程，能在很大程度上促进产业发展[④]。吴福象、沈浩平（2013）则从长三角城市群中的 16 个热点城市的情况入手，对在新型城镇化进程中的相关数据进行统计

①AKINTOYE A, MC INTOSH G, FITZGERALD E. A survey of supply chain collaboration and management in the UK construction industry[J]. European Journal of Purchasing & Supply Management, 2000, 6(3): 159-168.

②KUNISA T. Industrial parks and the structure of logistics in thailand[J]. Nuclear Science & Techniques, 2007, 18(2): 88-100.

③AOYAMA Y, RATICK S, SCHWARZ G. Organizational dynamics of the US logistics industry: an economic geography perspective[J]. The Professional Geographer, 2006, 58(3): 327-340.

④ 蓝庆新，陈超凡. 新型城镇化推动产业结构升级了吗？——基于中国省级面板数据的空间计量研究 [J]. 财经研究，2013(12): 57-71.

分析和定量检测，得出以下结论：在长江三角洲化城市进程中，高质量要素的空间集聚是城市化的主要原因，城市群通过要素在区间的自由流动提高了要素集聚的外部经济性及研发创新效率，对区域产业结构的转型升级起到了重要的推动作用[1]。王立新（2014）极其重视产业升级与城镇化的协调发展，对全国及东中西部三个区域的2000—2012年省级面板数据进行了实证分析。研究结果表明：经济增长对所有区域的城镇化呈正相关性，第二产业与第三产业发展水平对不同区域的城镇化影响存在差异[2]。彭永樟、陶长琪（2015）在城镇化发展层面和产业结构优化层面深入研究，重视它们之间的关系，调查了我国30个省市2003—2012年的资料，制定了城镇化与产业结构全面评价规范标准，同时运用了主成分分析完成测算，构建了PVAR模型，并测算协同度指标刻画产、城之间的协调发展情况。我们可以得出：在相对较短的时间里，产业结构升级能推动城镇化建设，在中长期内这种推动力会逐渐加强并趋于稳定；在中长期内，城镇化建设具有反推动力来推进产业结构升级，即产生"反哺"效应，最终产生良性的互动循环效应；产、城良性互动的前提就是良好的协同关系[3]。

Michael（2012）着眼于全球城市化和产业结构优化，他通过调查得出，世界产业的改革与组织架构深深地受到全球化浪潮的影响，产业集聚速度加快，技术复杂程度和创新能力得到大幅度提升，最终达到产业结构优化[4]。Farhana（2012）强调城镇化水平和产业结构优化升级，以及它们之间的相互作用。其研究得到的结果是，如果发展中国家的城镇化水平想要达到一定程度，必须对产业分工进行细化，产业结构必须升级。但现实情况是在全球产业分工环节中，发展中国家始终发展步伐缓慢甚至滞后，这造成了发展中国

① 吴福象，沈浩平. 新型城镇化、基础设施空间溢出与地区产业结构升级——基于长三角城市群16个核心城市的实证分析[J]. 财经科学，2013(7)：89-98.

② 王立新. 经济增长、产业结构与城镇化——基于省级面板数据的实证研究[J]. 财经论丛，2014,(4)：3-8.

③ 彭永樟，陶长琪. 我国城镇化建设与产业结构升级协同发展的实证研究——基于 PVAR 模型[J]. 江西师范大学学报 (自然科学版)，2015(3)：263-269.

④ MICHAEL, GREENHE, MIOZZO P DEWICK, K GREEN, M MIOZZO.Technological change, industrial structure and the environment [J]. Futures, 2012, 36(3): 67-94.

家的产业结构在很长一段时间内保持着"丰收贫困"状态，并且发展中国家只关注 GDP 的增长，却忽略了生态环境保护，为推动工业化进程采取粗放式经济发展模式，直接导致了"三高"局面的出现，这对发展中国家的产业结构转型升级造成不利影响[①]。

①FARHANA GARY S. A welfare economic analysis of labor market policies in the harris-todaro model [J]. Journal of Development Economics, 2012, 76(1): 127–146.

第3章
现代物流业发展与产业结构优化
互动机理分析

3.1 影响现代物流业与产业结构优化发展的主要因素分析

3.1.1 产业结构优化的内在影响因素分析

产业结构的升级有两种方式，一种是质变形式的结构升级，另一种是量变形式的产业间结构的升级。产业间某些行业兴起或衰亡的交替更迭是质变形式的重要标志，这种形式的产业结构升级分析起来较为方便。相对于质变形式的结构升级，本书更关注量变形式的结构升级。对量变形式的结构升级进行深入分析时我们不难发现，对量变过程的分析可以从两个视角切入，一个是社会分工发生变化的视角，另一个是在既定的分工形势下，生产要素配置布局发生变化的视角。本书研究的范围是第二个视角，即不考虑社会分工的变化对产业结构的影响。本书研究的产业间的结构主要是以三大产业的分类为依据来开展的，因此产业结构升级便是由第一、二、三产业增长及增长差异所决定的。

在分析产业的结构转型问题时，首先需要强调的是，本研究结果都是以"经济外部所有的因素均默认不变"为前提假设的，即此处主要分析的是产业结构得以升级的内在影响因素。

1.要素流动与配置对产业结构调整的影响分析

自然界已有的资源作为最主要的投入生产要素，是社会经济形成与发展必不可少的前提条件，各产业之间的要素流动与配置可以增强产业间的关联性，促进各产业部门之间的协调发展，对各个产业以及它们之间的结构关系的形成与优化有至关重要的影响。当经济的发展处于刚起步的阶段时，经济体中的一切活动都以自然界已有的资源为中心来展开，区域经济产业内在的结构特征将由其独有的资源禀赋所决定。根据"资源比较的优势理论"，产业格局的形成也在很大程度上与地区资源特征相关。随着交通运输体系的形成与发展，各个地区之间的资源壁垒被打破，资源禀赋特性对地区经济的约束日益减弱。此时，要素在整个经济体系中的全面布局会取代自然资源的禀赋特性，成为影响产业结构的重要因素。

2. 需求结构对产业结构变动的影响分析

（1）消费需求。城镇化发展导致的人口在区域上的集中与扩张所带来的生产和消费需求的增长是城镇化发展促进产业结构调整的重要途径。第一，城市人口增加后，对日常生活必不可少的房屋、水利、电力、食品、通信等要素的需求增多，进而促进基础设施建设等相关产业的迅速发展，资本积累不断深化，这为产业结构升级奠定重要的物质基础。第二，在城镇化的高速发展带动下，城镇居民人均收入逐年增长，日常生活水平不断提高，城镇居民生活和消费观念也逐渐发生转变。因此，受居民青睐的行业不仅自身会持续发展，而且会通过产业链的传导作用带动下游企业的发展。第三，当城镇的发展逐步深入，城镇居民会越来越注重生活质量，对于科技教育、文化、医疗和卫生等消费性服务业和现代物流业、信息服务和金融中介等生产性服务业的需求不断增长，服务业得到长足发展，成为我国经济的主导产业。

（2）带动增长。我国城镇人口的总量不断增长、社会经济的发展水平持续提升是我国新型城镇化发展的重要表现。城镇化发展能够加速主导产业内部行业的发展，特别是经济新常态下服务业的发展水平得到显著提升。当前发展过程中的非均衡问题借助多元化的发展模式得到妥善解决。城镇的发展伴随着产业的区域集中，进而产业有效的规模效应推动产业结构朝着更高级、更合理、更符合生态文明建设要求的方向持续调整。

3. 制度对产业结构优化的影响分析

制度特别是经济制度对产业结构的转型有着十分重要的影响。许多学者在研究产业转型的影响因素时，把衡量经济制度的变量当成外生变量，在进行定量甚至是定性分析时均不将其考虑在内。鉴于这方面的因素无法量化，本研究只从理论角度进行简单定性分析，无法给出定量的建模及经验分析。社会明确有效的分工是产业发展具有其特定结构的基础，而分工是否有效且明确的决定性因素主要包含经济单位之间交易的效率及各个单位之间的信任的基础，国家的政策制度对这两个方面有着举足轻重的作用。政策制度是产业内部结构的外在环境，它在完善、改良的过程中的一丁点变化都会被经济体内的各个产业敏锐地感知到，一个好的制度环境能有效压低交易的成本，这也是政策制度对产业的结构调整做出的突出贡献。

除此之外，政府的宏观调控对经济体内部产业的结构升级也有着不可小视的影响。其作用方式主要包括以下几个方面：① 政府的宏观调控是市场中"有形的手"，它能够以直接制定并实施某个产业（或行业）的发展规划等政策手段直接参与到该产业（或行业）的发展过程当中，对产业的结构升级产生直接有效的影响；② 除了调控整个行业的发展规划，政府还可以通过调节生产要素在产业间的配置情况即以对资源的宏观调控来直接干预产业间要素的布局，进而对产业结构的调整产生指引性的影响；③ 政府可以从调节居民收入的分配情况入手调整整个经济社会的需求结构，常用的方式有政府购买、转移支付等。这是政府间接参与产业结构升级的一种有效方式。

4.技术的更新对产业结构转型的影响分析

技术的更新作为产业结构转型的重要驱动力，从供给、需求两个方面影响着产业结构优化的整体进程，产业间技术的进步直接作用于其内部投入、产出的具体配置，并对产业生产效率产生重要影响，这成为技术更新作用于产业结构转型的根本途径。

第一，各个不同的行业之间的全要素生产率存在明显的区别，这是技术更新的必然结果。全要素生产率的差异会潜移默化地对产业结构调整产生影响。不同行业中的技术条件是不一样的，这个前提导致不同的行业投入完全一样的生产要素时得到的产出会大不一样，在市场的运行机制下，厂商会以产出最大化为原则进行生产要素在行业间的重新配置，使要素更多地被投向技术水平更高的行业。一般而言，我国农业的技术更新空间及速度较慢，生产要素主要集中在技术水平较高的非农行业，我国的产业结构也逐步发展为以服务业为主导的全新模式。技术更新对要素流动的指示作用是其影响产业结构优化的重要手段。

第二，技术的更新能够借助新兴行业的形成与发展来促进产业结构的升级与转型。随着先进技术的引进及更新，人们的生活需求越来越多样化，需求的改变给经济体的消费结构带来变革，消费结构的变革最终会表现为产业结构的调整。因此，技术的更新是影响产业内部结构升级的重要因素。特别是在现在的经济新常态下，以消费为主导的需求结构有了更高的发展要求，富有技术更新成分的新兴消费行业对市场有着重要的影响。

第三，技术的更新能在很大程度上影响行业之间的关联性，这种作用会传递给产业结构转型。产业关联又分为前向关联与后向关联。某个行业的技术更新能通过"前向关联""后向关联"这两个方向来改变整个产业链的具体情况。技术更新对一整条产业链的影响会进一步传递给产业结构的升级。

3.1.2　影响现代物流业发展的主要因素分析

作为生产性服务业，物流业具有较强的经济敏感性。物流业的发展不仅和支撑其发展的环境相关，还和国民经济的运行有着密切的关系。研究结果表明，制造业发展水平、基础设施状况、城镇化程度等因素对我国物流业的发展具有较强的影响。

1.制造业发展水平对现代物流业发展的影响最大

在众多的影响因素当中，制造业发展水平对物流业的发展影响最大，其原因是制造企业作为提升本企业的核心竞争力，会分离物流资源，整合外包物流业务，与专业物流企业结成战略合作伙伴关系；同时，越来越多的物流企业日益广泛和深入地介入工业生产领域，为制造业企业提供供应链一体化服务，从而推动了物流业的快速发展。纵观我国的发展实际，我国虽然身为全球制造大国，但物流业外包发展相对滞后，制造业实现的物流外包的比例仍比较低，这在一定程度上对我国现代物流业的发展产生了制约与阻碍。事实上，企业如果能够将物流业务外包给专门的物流管理部门，就能将有限的资源投入到自己的核心业务上，从而极大地提升企业的运作效率。只有充分实现制造业与物流业的联动，才能使制造企业降低物流运作成本，提升流通效率，并促使物流企业提升物流服务能力以适应制造业的发展。因此，促进我国现代物流业的发展需加快建立制造业与物流业的联动发展机制，实现制造业与物流业的双赢。

2.基础设施对现代物流业的发展起着重要的支撑作用

完善的物流基础设施可以提高物流业的运输能力。近十年来，我国交通设施规模迅速扩大，为物流业的发展提供了良好的设施条件。此外，物流基础设施的改善还可以吸引物流业的外商直接投资，进而提升物流业的融资能力与技术水平。

因此，加快现代物流业的发展与升级，需进一步加强物流基础设施建设，制定完善的物流预警方案。物流业生产活动具有范围广泛、运输方式多样化的特点，涉及铁路物流、公路物流以及航空物流等运输方式，因而受社会环境和自然环境的影响较大。基础设施建设方面，交通网络的逐步完善将为物流业的发展奠定坚实的基础。自然环境则直接影响着社会物流活动的效率、成本等各个方面，在极端的条件下甚至会导致物流活动的中断，如大范围的雨雪天气影响公路物流、航空物流和港口物流。因而，完善物流基础设施建设与预警方案的制定对于保障物流业的平稳发展具有重要的意义。

3. 城镇化是现代物流业发展的重要条件

由于城市是商品集散和加工的中心，它作为现代物流的聚集地，不但物流基础设施齐备，消费需求量大，而且交通与信息发达，尤其是近年来在一系列扩大内需的政策引导下，城镇居民消费不断升级，这极大地拉动了城市配送物流的需求增长。我国是典型的城乡二元结构，城镇物流与乡村物流的发展差别较大，乡村物流普遍存在物流占比较低、物流体系不完善、物流基础设施建设落后等问题。但城镇化的不断推进带动了乡村经济的逐渐发展，使农村物流与城镇物流之间的发展差距有逐渐缩小的趋势。此外，农产品作为生活必需品，其生产和流通是经济发展与社会稳定的重要环节，但由于生产者经营分散、市场信息不完备，农产品的物流效率较低。因而，农村城镇化进程将加快我国物流业的发展步伐。

3.1.3 影响现代物流业与产业结构优化互动发展的重要因素

由相关文献的研究以及 3.1.1 和 3.1.2 的有关内容可知，影响现代物流业与产业结构优化互动发展的重要因素主要包括城镇化发展水平、资源配置与要素流动、基础设施以及制度政策等。

其中，城镇化的发展在产业结构优化与现代物流业互动发展进程中发挥着极其重要的作用。一方面，城镇化的发展能带动消费需求的增加和经济发展水平的提升，城镇居民的消费观念及对生活品质的追求发生改变，人们对科技、教育、文化、医疗和卫生等消费性服务业和现代物流、信息服务和金融中介等生产性服务业的需求不断增长，服务业得到长足发展，第三产业在国民经济中的地位越来越高，现代物流业也因此得以发展；另一方面，由于城市是现代物流的集聚地，交通与信息发达，城镇化的不断发展，能缩小城乡差距，带动乡村物流业长足发展，从而加快我国物流业的发展步伐，带动第三产业不断发展，使其在国民经济中占据重要地位，最终促使产业结构的优化发展。

要素的配置与流动、基础设施及制度政策均从不同方面促进产业结构优化与现代物流业的互动发展，要素的配置与流动可以增强产业间的关联性，促进各产业部门之间的协调发展，而物流业作为基础性服务业，在各次产业之间发挥着纽带作用，在一定程度上担任着物质与要素流动的载体，促进产业结构的合理化发展。此外，产业结构优化的不断发展能带来地区发展所需的政策、人才和制度环境，从而推动经济水平和基础设施建设水平的不断提升，为现代物流业的长足发展提供良好的发展环境。

3.2 产业结构优化对现代物流业影响机理分析

产业结构优化主要通过完善现代物流业发展所需条件、提升产业发展水平、改善地区发展环境等影响物流基础条件支撑力、物流主体运营能力及物流环境保障能力，从而影响现代物流业的发展水平，具体作用机理分别通过以下几个方面进行分析。

3.2.1 在完善物流发展所需条件方面

产业结构优化主要通过完善地区发展所需条件提高物流运作基础条件支撑能力，地区发展所需的条件主要包括基础设施建设和物流需求两方面。

1. 推动物流基础设施建设

产业结构不断优化会带动诸如路网、物流园区、仓储装卸点等区域物流基础设施投资力度的加大、建设进度的加快，从而使得物流节点与仓储配送等功能日益完善。具体来看，路网规划将会更加完善，城乡道路将会更加通畅。这不仅会提高物流运输效率，还将为降低物流运输成本奠定坚实的物质基础，同时也将使物流园区的规划建设日趋合理，为提升物流业服务水平打下良好基础；另一方面，仓储、配送中心、装卸点等的规划建设不仅能为综合仓储和多式联运创造条件，还能带动城乡合理规划布局，为建设良好的县、镇（乡）、村三级物流网络提供物质保障。

2.增加物流需求，提升需求品质

产业结构调整优化与地区经济的发展是相辅相成的，产业结构优化带动了地区经济的发展，人们的物质需求也会随之增加。为满足人民日益增长的物质需求，相关物品的生产制造自然会增加对地区各种原材料与资源的需求，许多成品和半成品便会由此产生，而这些产成品在产生销量时势必会带动物流流量的增加，从而迫使物流业为迎合日益增长的物质需要而快速发展[①]。

另一方面，产业结构的高级化发展还会导致物流需求呈现不同层次的变化，物流需求的品质便会得到提升。产业结构发生不同形态的变化都会产生相应的物流需求，如"一、二、三"的产业结构出现时，物流需求结构以低附加值产品为主导，此时物流活动以运输和仓储为主，单位物流需求价值量小。当第三产业地位上升，以知识、技术为特征的高层次物流服务需求占主导，此时对物流服务水平要求较高，主要竞争方面体现为物流覆盖地域，时间的准确性、安全性、可靠性，供应链的稳定性等[②]。

3.2.2　在提升物流产业发展水平方面

产业结构优化主要通过提高物流产业发展水平提升区域物流经营主体运营能力，具体可从扩大产业规模和提升服务水平两方面进行分析。

1.扩大产业规模

产业结构优化过程类似于经济增长，经济增长一般是由经济条件较完善、产业发展较好的地区向外围地区扩散传导，该地区即称为"增长极"。根据"增长极"理论，一个地区若能发展成"增长极"，便会促进周边地区的资源与生产要素，如人流、信息流、知识流等，不断往中心汇集[③]。同时该地区物流业发展所需的资源和技术、知识等物质条件将会逐渐得到改善，物流产业规模将会

---

① 罗永华.产业结构变动对物流需求影响的实证分析——以茂名市为例[J].价值工程，2010，29(10): 13-15.

② 钟俊娟，王健.我国物流业与三次产业的关联度——基于产业融合视角[J].技术经济，2013，32(2): 39-44.

③ 李爱民.中国半城镇化研究[J].人口研究，2013(4): 80-91.

不断扩大，从而使得本地区范围内物流经营主体的运营能力、物流产业的规模化和集约化水平不断提升，物流产业的组织形态逐渐向更高阶方向演化。

2. 提升服务水平

产业结构的不断优化带动物流相关产业的不断聚集，能为物流企业的高效发展营造良好的发展环境并提供有利条件。一方面，产业结构优化过程会带动区域经济的快速发展，人们对物流服务质量与效率的需求便会随之增加。而物流业为取得长效发展，在满足日益增加的社会需求的同时还需兼顾自身发展成本，物流产业园区便应运而生。物流产业园区的成立除了能降低物流成本、满足物流需求，还能吸引物流人才、资金、资源的汇聚，并形成规模效应，为提升物流技术水平与服务能力提供物质与智力保障。另一方面，随着物流产业规模的不断扩大，物流业的集约化水平得到提升，物流业经营主体的专业化和高端化服务水平也会随之提升 [1]。

3.2.3　在改善地区发展环境方面

产业结构优化主要通过改善地区发展环境提升地区物流环境保障能力，接下来将从提高政策支持力度、加大人才输送力度、改善地区经济环境及提升地区信息化水平等方面进行具体分析。

1. 提高政策支持力度

从政策角度来看，政府为促进本产业结构的优化升级，必然会为产业结构的优化发展创造良好的内外部环境，而物流业作为基础的生产性服务业，其服务对象几乎涵盖了三次产业的方方面面。因此，政府部门为促进三次产业的合理发展、推动产业结构的优化升级，必将从保障物流业的持续健康发展入手。由于规划与布局合理的物流网络和物流节点等基础设施的建设是维系区域物流良好健康发展的必要条件，基于此，为最终实现产业结构优化发展的目标，政府通常会从加大物流固定资产投入和完善相关基础设施等方面入手，为现代物流业科学合理发展提供政策支持。

---

[1] 罗永华. 港口物流与区域产业结构优化——基于湛江市的实证 [J]. 北京交通大学学报（社会科学版），2016，15(02): 97-102.

2. 加大人才输送力度

产业结构的不断优化可为物流业的发展提供人才保障。在产业结构升级过程中，剩余劳动力将不断从第一产业向第二产业、第三产业转移，从而使物流业能够源源不断地获得发展动力。而随着产业结构优化水平的不断提升，物流业逐渐发展壮大，那些待遇与发展更好的物流企业则能吸引更多人才，促使各物流企业因发展需要而进行人才竞争并逐步提升自身的软硬件条件建设。因此，产业结构优化升级能为现代物流发展输送所必需的人力资源，创造良好的发展环境。

3. 改善地区经济环境

产业结构在实现优化的过程中往往会产生明显的经济效益，主要体现在地区生产总值、地区人均可支配收入和社会消费品零售额的增加等方面。而区域经济环境的不断完善同时会促进该地区物流业发展水平的提高，并从资金、人才、资源、发展环境等方面改善现代物流业的发展现状，为现代物流发展提供环境保障，增强现代物流业对多样化需求的供给能力。另外，经济水平提高催生的对物流业更高质量服务和产品的需求则会促使现代物流业追求更高效的发展以满足日益增加的物流需要，进而促进物流能力的提升。

4. 提升地区信息化发展水平

产业结构不断优化能带动本地区经济的快速发展，从而使得地方财力不断增强，地方政府对地区发展环境、基础设施的投入与建设力度也会随之加大。信息化建设需要地区经济和基础设施建设的双重保障，提升信息化建设水平不仅可以简化作业流程，还能提高作业的精准度并节约作业时间。地区产业结构优化能够带动地区经济和基础设施的建设与发展，并推动信息化水平的提升。这不仅能改善地区物流环境、吸引外资，还能减少物流业与各行业、客户之间的交流障碍，降低物流成本，对现代物流业物流能力的提升具有重要意义[1]。

---

① 艾麦提江·阿布都哈力克，白洋，卓乘风，等. 物流产业专业化对产业结构的空间溢出效应——基于技术进步的调节作用 [J]. 工业技术经济，2018, 37(3): 70-78.

3.3 现代物流业对产业结构优化作用机理分析

与传统物流业相比，现代物流业几乎涉足了三次产业的大部分领域，在三次产业中发挥着纽带作用。提升物流业的服务水平能够促进三次产业提效降费、重构组织结构和优化业务流程，从而提升产业结构的高度化、合理化水平[①]，具体作用机理可从以下几个方面进行分析。

3.3.1 在提高产业间协调度与关联水平方面

现代物流业的发展主要通过提高产业间协调度与关联水平促进产业结构的合理化发展。具体可从促进产业部门间的协调发展、增强产业间的关联性、促进合理产业结构的形成等方面进行分析。

1. 促进各产业部门间的协调发展

一方面，各产业部门间的协调发展得益于物流业的纽带作用，提升物流能力可带动信息流、资金流、物流的集成，带动采购环节、制造环节和销售环节等供应链相关环节的整合，优化产业间的生态链，降低产业间的沟通与协调难度，促进各产业不断协调发展，进而达到促进产业结构合理化的目的；另一方面，随着物流能力的提升，物流节点、物流圈和物流通道的规划布局逐渐合理化，促使各产业不断聚集，投资环境逐步改善。此外，提升物流能力还能为各产业协调持续发展提供资源环境与发展动力，优化产业的发展路径。

2. 增强产业间的关联性

现代物流业本质上是一种基础性服务业，服务对象涉及三大产业几乎所有的产成品和中间品，因此物流业和其他产业之间联系紧密，在一定程度上能够加深各产业间的沟通与交流程度。物流业作为不可或缺的生产性服务业，在第一、第二产业间发挥着重要的传播媒介和纽带作用。而作为第三产业下的子产业，物流业自身的发展也对第三产业的发展方式与结构产生了重要影响，带动了区域经济的协调发展。此外，发展物流业还能通过间接降低

---

① 丁辉. 现代物流业对地区产业结构优化的作用研究 [D]. 南京：南京工业大学，2012.

中间性的服务成本和流通成本提高产业效率，从而拉动地区经济健康持续发展，为三次产业的关联协调发展奠定经济基础。

3. 促进合理产业结构的形成

以湖南省为例，湖南省目前的产业结构还不稳定，虽然已初步形成"三、二、一"的产业结构，但第三产业产值超过第二产业产值的部分较少，第二产业仍在湖南省国民经济中占据较高地位。相比于全国产业结构发展现状，湖南省的整体产业结构中第三产业所占比例也还十分有限，而在发达国家，第三产业在整个产业结构中占据了很大比例。现代物流业把满足客户需求作为目标，将生产末端与零售商甚至消费者进行衔接，形成供应链的形式，为各行各业提供配套物流服务。因此，代表第三产业的物流业形成产业化将大幅度提升区域第三产业在三次产业结构中的比重，从而促进产业结构往合理化方向发展。[1]

3.3.2　在催化产业升级方面

地区物流能力提升能通过催化产业升级促进产业结构的高度发展。产业升级主要体现在形成高级产业形态、提升产业的集约化程度及提高产品和服务的附加值等方面。

1. 催化更高一级产业形态的形成

随着经济的不断发展，第三产业产值在国民经济中的比重会呈现逐渐上升的趋势，第三产业比例越高，则产业结构越合理。随着物流能力的提升，物流业对三次产业的基础性服务水平会逐渐提高，三次产业之间的交流增强，联系的障碍降低，经济发展过程中第一产业向第二产业的过渡及第二产业向第三产业的自然过渡也会随之加快，使得第三产业占国民经济的比重逐渐攀升，催化更高一级的产业形态的形成，最终实现产业高度结构化的目标。[2]

2. 促进产业朝集约化方向发展

传统物流活动中，供、产、销各自为政，生产与仓储运输等相互分离，自营物流居多。而物流能力提升一定程度上可促进物流技术和信息化水平的提升，

---

① 李丽，黄超，刘琦杰. 产业转移与区域物流能力的相互作用机理分析 [J]. 北京工商大学学报（社会科学版），2011, 26(6): 41–47.

② 李建民，崔岳春. 现代服务业推动产业结构优化的机制研究 [J]. 技术经济，2013, 32(9): 10–16.

从而带动第三方物流的高效科学发展，使得传统物流活动逐渐脱离原来供、产、销各自为政发展模式。供给—生产—销售逐渐向流程化、产业化、专业化方向发展，物流活动的各环节更加顺畅，物流总成本逐渐降低，投资环境逐步改善，最终促使各产业不断聚集、集约化程度逐渐提高、产业结构不断优化升级。

3.提升产品与服务的附加值

现代物流业物流能力水平提升能加快物流业的自动化与信息化发展进程，提高物流业的技术密集型与知识密集型程度，物流成本也会随之降低，生产效率得到提高。随着信息化水平的提高，现代物流业能形成专门针对物流需求及市场信息更加高效的反馈机制，从而及时调整产品与服务策略，提升原有产品与服务的附加值，使得物流产业在第三产业中的地位与作用逐渐提升，最终促使整个产业结构逐渐向产品附加值高、技术与知识密集型程度高的方向发展。

3.3.3　在促进产业结构可持续化发展方面

现代物流的范畴已经从传统的制造业扩大到了除产品设计、生产和销售以外的其他流通领域。因此，提高现代物流的环保能力、减少产业的污染和能源消耗，对促进产业结构可持续发展意义非凡。具体体现在以下方面：首先，物流能够通过在各个环节推行低碳运输、绿色生态包装、自动化装卸及信息化作业等方式，减少流通环节中的污染因素，进而为三次产业的绿色、环保、健康发展奠定基础，促进产业结构的可持续发展；其次，现代物流业通过资源的集约化及废弃物、循环再生物的逆向物流丰富传统物流链，从而带动各产业逐渐提升对循环经济、绿色发展的认识并参与其中；再次，现代物流在工业园区和相关的物流点建立了绿色的需求供应链，提升了工业园区中相关企业和物流点的环保水平；最后，通过提高第三方物流企业的服务水平，促使其不断往专业化和高端化方向发展，一定程度上可减小自营物流的比重，增大投入产出比率，降低污染物的排放量和资源浪费率，促进产业结构的可持续发展。

3.4　产业结构优化与现代物流业互动作用机制分析

在产业结构优化与现代物流业发展相互作用机理的基础上，通过系统分析，得出如图 3-1 所示的产业结构优化与现代物流业发展之间的互动作用机制。产业结构优化通过影响产业发展条件与环境对现代物流的发展所需基础设施条件、市场需求、人力资源、资金、信息技术、政策和经济环境等进行改善与加强，进而提升物流业经营主体的运营水平、服务功能等，也在一定程度上提升了现代物流业的整体能力；而现代物流业发展水平得到提升后，又会从降低物流、工业生产成本、整合资源、强化社会分工、降低中间性服务成本等方面促进三次产业间的协调发展，使得产业间联系紧密，产业形态逐渐往高级化方向发展，产业发展模式也逐渐有循环低碳发展的趋势，最终将从产业结构合理化、高级化与可持续化等三个方面不断推动产业结构的优化发展。

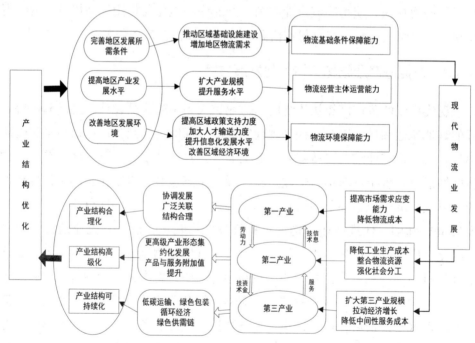

图 3-1 产业结构优化与区域物流能力互动作用机制

3.4.1 产业结构优化是提升现代物流发展水平驱动力

产业结构优化可通过资金、技术、产业聚集、人力资源等要素和形态的流动及变化为现代物流的发展提供驱动力。根据朗索瓦·佩鲁的"增长极"理论和赫希曼的不平衡增长论，产业结构的发展是循序渐进的，少数占主导优势的产业部门由于其做出的贡献较大，因而会得到稀缺资源的优先分配权，从而形成技术、人才、资金和产业等生产要素和组织的空间聚集，进而为现代物流业扩大产业规模、提升科技发展水平提供物质和智力驱动，提升整个物流主体的运营能力[①]；而根据配第－克拉克定理，三次产业间劳动力的转移会随着区域经济的发展而不断变化，劳动力会伴随经济发展水平的提高逐渐从第一产业向第二、第三产业转移。[②]随着产业结构的不断优化调整，第三产业的地位会逐渐上升，劳动力将会源源不断地从第一产业向第三产业转移，劳动力在转移过程中会带来不同的技术、思想、知识和经验等无形资产，这些无形资产在转移过程中发生碰撞后会衍生出新的知识、经验、思想等，从而形成新的驱动和经济效益，促进第三产业不断优化发展，也为现代物流业的良性发展提充实的"软件"条件。此外，产业结构不断优化的同时，经济水平也会随之提升。经济发展水平在不断提高的过程中会产生新的物流需求，同时也为固定基础设施建设提供经济保障。社会经济发展水平越高，人们对社会服务、产品品质和生活环境的要求也会相应提高，从而为满足日益复杂的生产性和生活性服务业的社会需求而不断提升自身发展水平。另一方面，社会经济水平的提高会促使诸如路网建设、仓储配送点、物流通道等物流基础设施建设水平的提高，这是"硬件"方面。因此，产业结构优化能从"软件"和"硬件"两个不同方面驱动现代物流业协调健康发展，从而不断提高自身发展水平。

3.4.2　提升现代物流业发展水平是产业结构优化的催化剂

物流系统论指出，物流系统的协同效应可以平衡物流系统与其子系统的互动发展关系，从而推动社会经济水平不断增长，最终完成经济与物流协同发展的最终目标。随着物流业逐渐从第二产业中分离出来成为独立的产业，其在三次产业间发挥的物质与要素交流的纽带作用也日渐明显。因此，现代物流业发展水平的提升在为产业结构的健康发展提供有力经济支撑的同时，也能从促进产业间关联性、资源结构合理性和产业集约化等方面推动产业结构的持续升

①MACLAREN.The suburbanizatin[M].Boulder, CO: Westview, 2005.

②SHAN TIAN HAO ZHI. Urbanization, agglomeration, and coagglomeration of service industries [M]. Chicago: University of Chicago Press, 2008.

级。现代物流业发展水平的提升使得物流业的纽带作用越来越显著，有助于降低产业间要素与资源的交流障碍，促使传统物流各环节间的联系更加紧密，产业的集约化程度日渐提升，使得物流总成本降低，产业效益增加，对市场需求的反应速度也随之加快，进而催化产业结构逐渐向附加值和加工度高、知识和技术密集程度高的方向发展。物流业在发展过程中产生的对各生产要素的需求无形之中会增加三次产业间的联系，利用供应链的竞合关系实现各次产业间要素的合理投入、产出和梯度转移，并促进区域间资源配置和流动的合理化，从而使得相关产业能根据资源条件因地制宜，合理布局规划，最终实现产业结构的合理化。此外，由于现代物流的范畴涵盖了从原材料采购到最终销售几乎所有的流通环节，因而提升现代物流的环保能力不仅能提升物流业的整体效益，还有利于促进各次产业的绿色发展，在保障经济效益的基础上实现产业结构的可持续发展。①

3.5　本章小结

首先，本章从分析现代物流业与产业结构优化发展影响因素的角度，分别对产业结构优化与现代物流业发展进行研究。产业结构优化升级的主要影响因素包括生产要素的配置、需求结构的影响方式、经济制度和技术更新，其中技术的更新是推动产业结构转型升级的最根本因素。现代物流业发展的影响因素主要包括制造业发展水平、城镇化程度和基础设施状况等因素，其中制造业发展水平对现代物流业发展的影响最大。基础设施状况对现代物流业的发展起着重要的支撑作用，城镇化是现代物流业发展的重要条件。其中，城镇化发展水平、要素配置与流动、制度政策及基础设施等因素在产业结构优化与现代物流业的互动发展进程中发挥着关键作用。

其次，本章分别从产业结构优化对现代物流业影响机理和现代物流业对产业结构优化的影响机理进行分析。产业结构优化主要是从完善物流业发展所需的基础设施和物流需求等条件，提升物流产业规模及服务水平，改善地区发展

---

① 蓝庆新，陈超凡.新型城镇化推动产业结构升级了吗？ [J]财经研究，2013(12)：57-71.

所需的政策、人才输送力度、地区经济环境和信息化发展水平等方面推动现代物流业的发展。现代物流业主要从提高产业间协调度与关联水平、催化产业升级和提升现代物流环保能力等方面促进产业结构优化升级。

最后，本章基于产业结构优化与现代物流业的相互作用机理构建产业结构优化与现代物流业的互动作用机制。产业结构优化通过影响产业发展条件与环境，从而对现代物流的发展所需基础设施条件、市场需求、人力资源、资金、信息技术以及政策和经济环境等进行改善与加强，进而提升物流业经营主体的运营水平、服务功能等，对现代物流业的整体能力也进行了一定程度的提升。现代物流业发展水平得到提升后，又会从降低物流和工业生产成本、整合资源、强化社会分工、降低中间性服务成本等方面促进三次产业间的协调发展，使得产业间联系紧密，产业形态逐渐往高级化方向发展，产业发展模式也逐渐有循环低碳发展的趋势，最终将从产业结构合理化、高级化与可持续化等三个方面不断推动产业结构的优化发展。

第 4 章
现代物流业与新型城镇化
互动机理分析

4.1 影响现代物流业与新型城镇化发展的主要因素分析

4.1.1 影响现代物流业发展的主要因素分析

影响现代物流业发展的主要因素在第 3 章已做过详细分析，得出的相关结论是：制造业发展水平对现代物流业发展的影响最大；基础设施状况对现代物流业的发展起着重要的支撑作用；城镇化是现代物流业发展的重要条件。因此，在本节不再对此进行详细分析。

4.1.2 影响新型城镇化发展的主要因素分析

2014 年 3 月 16 日，国务院发布了引领我国城镇化健康发展重大意义的纲领性文件《国家新型城镇化规划（2014—2020 年）》，开篇即指出"我国正处于城镇化深入发展的关键时期"，强调新型城镇化是保持经济持续健康发展的强大引擎。随着新型城镇化的深入推进，多方面的因素能影响新型城镇化的发展，包括经济发展、产业发展水平、教育水平、基础设施建设水平、政府政策、生态环境等因素。

1. 经济发展

城镇化是经济发展的产物。根据相关理论，城镇化是经济发展的重要推动力。一般情况下，两者呈正相关关系，也就是说，经济发展水平越高，城镇化水平就越高，而城镇化水平越高就越能促进经济的发展。经济的发展会促进居民收入增加及消费需求的转变，对于农村居民来说，收入水平提高可以增强其在城市的购房能力并且促进其消费等，从而推动城镇化的发展；对于城镇居民来说，收入水平可以反映其生活水平，生活水平的改善可以增加消费、休闲、住房等需求，这些同样可以促进城镇化的发展。我国目前的经济发展正处于转型期间，经济结构的不断调整势必会不断推进新型城镇化的不断发展；新型城镇化的核心是"以人为本"，经济的不断发展会提高人们的幸福感，更能促进新型城镇化的幸福稳定发展。所以，经济发展水平的提高必定会促进生产要素向城镇聚拢，从而加快新型城镇化的进程。

2. 产业发展

产业发展能有效促进新型城镇化的发展进程，而新型城镇化发展又会进一步促进产业的发展。从我国过去 20 多年的经济发展来看，二者呈现出显著的双向因果关系。根据相关研究结果，产业发展水平的提高会促进生产要素在城乡、城镇与城镇之间不断转移，生产要素的不断转移会促进产业结构的优化升级，镇与乡村促进产业格局逐渐转变。在产业结构优化和升级的过程中，第三产业的比重会逐渐增加，现代物流业作为第三产业现代服务业的一部分，也会得到大力发展，物流业的发展会加速生产要素的转移，会不断扩大城镇的规模，从而带动新型城镇化的不断发展。因此，产业结构的优化调整、发展程度需要与城镇化协调发展，实现良性互动，这样才能更好地发挥产业在新型城镇化发展过程中的催化作用。

3. 教育水平

新型城镇化是注重人的发展的城镇化，新型城镇化的发展需要人，经济的发展、产业的发展都需要劳动力，而且是高质量的劳动力，劳动力质量的提高就需要提升教育水平，教育也是科技创新的基础。劳动力教育水平的提高一方面会加强企业的竞争力和劳动效率，加快经济的发展，促进产业的优化与升级，另一方面还能促进城镇居民素质的提高，改善人民的生活方式。技术创新不断改变着我们的生产方式、生活方式，只有教育水平提高了，才会促进科技的进步和创新，对社会的贡献才会越大，经济发展的水平才会越来越高，从而促进城镇化水平的提高。所以教育水平不仅能影响新型城镇化发展的快慢，同时还能影响新型城镇化发展的质量，这关系着新型城镇化能不能持续健康发展。

4. 基础设施建设水平

在新型城镇化发展进程中，人口向城镇集中是一个必然过程，人口的不断集中会对城镇的基础设施建设提出更高的挑战，相关基础建设必须要达到一个新的水平才能适应新型城镇化的发展。政府需要处理城镇住房建设、供水供电、供气供热、医疗医药、公共交通、城市废弃物处置等基础设施的建设，城镇地区基础设施的完善能吸引更多人才加盟、吸引更多资金流入，从而促进新型城镇化的发展。总的来说，基础设施建设是城镇经济持续稳定发展的物质基础，是城镇内部相互联系的重要枢纽。社会经济越发展，新型城镇化水平越高，对基础设施建设的要求就越高；基础设施越完善，城镇布局就越合理，城镇功能就越完善，城镇的综合承载能力就越充足，城乡之间的资源流动就越顺利，新型城镇化的发展就越迅速。

5. 政府政策

在新型城镇化的进程中，政府的政策将产生举足轻重的作用。政府可以通过制定相关政策并合理利用税收政策达到合理配置资源的目的，提高资源利用效率。政府的政策与经济发展、教育水平、医疗卫生条件、基础设施等各个方面都有密切关系。政府政策是否支持新型城镇化的发展，支持的力度与决心的大小都会影响新型城镇化的建设进程。

6. 生态环境

生态环境通常被用来衡量一个国家或地区居民生活质量的优劣，城镇化的发展对生态环境建设有一定的促进作用，但同时生态环境建设对城镇化的发展又有反作用，尤其是当生态环境建设滞后于城镇化发展时，其瓶颈作用就会突显，从而造成社会资源的严重浪费。因此，加强生态环境保护是新型城镇化建设必经之路。走新型城镇道路，要舍弃高消耗、高排放、缺乏特色的传统城镇化老路，走绿色可持续发展道路。

4.1.3 影响现代物流业与新型城镇化互动发展的重要因素

现代物流业和新型城镇化间的互动演进是以要素之间的流动和共享为基础，通过对前人研究的梳理得出二者互动要素大体包括以下几方面：人才和教育水平、经济和产业发展、基础设施及制度政策等。

在上述因素中，人才和教育水平影响因素关系到科技水平的高低与经济全球化发展，科技水平高则能促进信息技术的飞速发展，从而促进现代物流业的发展；经济全球化发展加速城镇之间的区域整合，促进区域间的信息、技术、资金、劳务等要素的聚集与流动，进而加快新型城镇化的进程。而新型城镇化加速则能促进贸易流量的增加，从而促进现代物流业的发展；经济和产业发展能带动城镇居民消费需求的增加和收入水平的提升，能不断改变城镇居民的消费观念及生活方式，从而促进新型城镇化的发展。与此同时，经济和产业的发展会提升人们对于科技教育、文化、医疗和卫生等的消费性服务业和现代物流业、信息服务和金融中介等生产性服务业的需求，从而使第三产业能够快速稳定发展。第三产业在国民经济中的地位越来越高，现代物流业也因此得以发展，新型城镇化的不断发展能够给城镇地区带来大量的物流需求，因此能够带动周边地区现代物流业的发展，从而加快我国现代物流业的发展步伐。因此，它们两者是现代物流业与新型城镇化互动发展进程中的重要影响因素。基础设施以及制度政策均是从政府角度进行思考与分析所得出的相关影响因素。这两者能同时对新型城镇化与现代物流业的发展产生举足轻重的影响：制度政策支持为新型城镇化与现代物流业的互动演进提供了政策导向与良好的制度环境。现代物流业作为后起之秀，在短短几十年内一跃成为促进城镇化发展的新兴中坚力量，在很大程度上得益于制度政策支持。因此，制度政策支持也是影响现代物流业与新型城镇化互动发展的重要因素之一。

4.2　现代物流业对新型城镇化作用机理分析

现代物流业主要通过优化产业结构、促进新型城镇合理布局影响新型城镇化的均衡发展；通过创造就业岗位促进新型城镇经济发展；通过提升生活质量影响新型城镇居民的幸福指数。具体的作用机理分别通过以下几个方面进行分析。

4.2.1　在影响新型城镇化均衡发展方面

现代物流业通过优化产业结构促进新型城镇合理布局，从而推动新型城镇化的均衡发展。

按照产业结构发展演进规律，产业结构的发展方向是合理化和高度化。产业结构合理化的衡量标准是第三产业的发展水平；产业结构高度化是第一产业向第二、第三产业升级演进，从劳动密集型向资本密集型、技术密集型产业演进的过程。物流业是现代社会分工和专业化高度发展的产物，物流业属于第三产业，属于技术密集型和高附加值的高科技产业。物流业是典型的"推进型"产业，能够促进产业在不同地域、不同层级城镇间的分工布局，进而带动城镇在地域空间上的合理布局。物流业的发展将对交通运输业、商贸业、金融业和旅游业等与物流关联的第三产业起到积极的推动作用。物流业的发展不仅增加了第三产业的绝对数量，还提高了第三产业中高附加值产业的比重。针对各生产行业，大力培养能够提供针对性、专业化和区域化物流服务的企业，并配套建设相应基础设施，有利于城镇产业结构向合理化和高度化方向发展，有利于城镇产业结构的调整和优化。

在新型城镇产业结构向合理化和高度化方向发展的基础上，要求新型城镇的发展依靠城镇特色资源、区位优势，综合考虑环境容量、市场空间，优化城镇规模结构，加强城镇分工合作，合理布局，差异发展。现代物流业通过建立共享的物流平台和现代物流服务，促进城镇利用自身资源和区位优势加强发展，并通过物流网络促进城镇间的交往联系，推动城镇共同协调发展。对于靠近大中城市的城镇，通过建设完备的物流运输基础设施和仓储中心，可吸引大中城市主要产业如汽车、计算机零配件生产厂商等在新型城镇落户生根，既解决了城镇居民的就业问题，又为这些配套企业节省劳动成本，提升企业竞争力；对于分别以粮食、水产和养殖等为重要资源形成的城镇，通过建设以生鲜超市、城乡集贸市场为主体的农产品零售市场、粮油仓储物流设施，构建农产品市场流通网络布局，健全覆盖农产品收集、存储、加工、运输、销售各环节的冷链物流体系，支持城镇发展农产品、水产品、奶制品、资源等深加工产业，并通过推行"农批对接""农超对接"等多种形式的产销衔接，发展农产品电子商务，降低流通费用，促进城镇因地制宜，联动发展，推动新型城镇化均衡发展。

以往我国城镇化扩张走的是粗放外延式道路，城镇化进程中不协调、不可持续、不和谐和非包容问题严重阻碍了中国生态文明建设的进程。新型城镇化必须融入生态文明理念，做到以人为核心的城镇化，充分发挥城市规模经济带来的分工、创业和创新的效应，促进城镇可持续发展。现代物流业一方面通过自身的发展，将城镇与城镇、城镇与乡村、城镇内部各行业之间连接成相互沟通，相互支持的巨大物流网络，促进城镇自身有序发展；另一方面，通过良好的物流服务促进相关产业在城镇落地生根，发展壮大，促进城市经济结构的合理布局和协调发展。同时，通过完善城镇交通基础设施、梳通各物流节点、打造物流信息平台，加强城镇内外物流系统建设，进一步吸引产业集聚，搞好产业支撑服务，促进城镇化进程可持续发展。

4.2.2　在影响新型城镇化稳定发展方面

现代物流业通过创造就业岗位，促进新型城镇经济发展，推动新型城镇化的稳定发展。

创造就业岗位，促进新型城镇经济发展。首先，新型城镇化，不是简单的农村人口向城镇聚集，而是要为城镇居民创造就业机会，提高就业人数，减少失业人员带来的不稳定因素，从而促进城镇稳定发展。物流业作为一种复合型产业，具有服务业的劳动密集型特点，运输、仓储、包装、配送、装卸搬运、信息处理、流通加工等物流活动需要大量懂技术、会管理、能出力的不同层次人员参与其中。同时，物流业不仅自身为居民就业创造了大量机会，而且通过发挥物流供应链整合、服务外包、城市配送、快递服务等功能，吸引并促进了工业、商贸、零售批发、小微企业在城镇集聚发展，带动更多城镇居民就业。物流业作为社会经济的服务部门，不仅是一个技术密集型产业，也是一个劳动密集型产业。大量的劳动特别是最后一公里的"末端服务"都要靠人力来完成。物流业对人才和劳动者的需求数量很大，可以向城镇提供大量的就业岗位，扩大居民就业数量，提高居民生活水平，进而实现城镇和谐稳定发展。物流业为农业转移人口提供了就业选择的机会，城镇已有的与物流业相关行业并不少，如农产品物流配送、运输、仓储及装卸搬运等，大多数为操作岗位，经过短期培训，一般情况下农业转移人口都能胜任。随着新型城镇化的发展，商贸物流、仓储物流等的进一步发展和物流层次的提升，物流业对农业转移人口就业人数的吸纳，是一个广泛而稳定的过程，保证了城镇稳定发展。不仅如此，高度发达成熟的现代物流体系，是吸引外来投资的重要因素，可以推进招商引资工作，也能创造就业岗位。

现代物流业作为社会经济支撑性产业，为城镇各行各业服务。它借助现代化网络平台和供应链管理模式，极大地改变了城市经济生活运行模式和增长方式，从而促进城镇化的经济发展。现代物流业将运输、仓储、装卸、加工等物流功能有机结合，形成一体化供应链服务，既可通过物流仓储中心、城市物流配送等减少企业库存，促进企业实现零库存和准时化生产（JIT），为生产性企业节省大量资金，又可通过电子商务、网络快递为城市居民生活提供快捷、便利的商品服务，促进城市经济、生活的发展。从市场运行成本角度看，现代物流业最突出的贡献是可以普遍降低社会交易成本，成为效益可观的第三方利润源。同时，现代物流业通过城镇化物流的增值活动，可以提高交通运输、仓储、邮政、包装、流通加工、配送及批发等行业的总产值，向社会提供产品和服务的同时，自身也获得快速发展，从而与各行业一起扩大了城镇经济总量和财政收入，进一步促进城镇发展，从而促进新型城镇化稳定发展。

4.2.3 在影响新型城镇化幸福发展方面

我们应该明确新型城镇化幸福发展的主体对象是新型城镇中的居民，幸福发展的首要目标是居民能幸福发展。就新型城镇化的意义而言，其中非常重要的一点就是造福人民，提升生活质量，实现社会全面进步。随着城镇化的快速发展，我国城市居民人口迅速增加，生活方式向精品化、个性化方向发展，解决居民物质生活所需的物流活动快速增长，同时城市各行各业对于物流服务的需求也迅速增长。现代物流体系的作用贯穿于商品生产、交换、分配、消费全过程，可以为城市制造业、流通业及消费领域提供大量的多样化物流资源，快速、有效地供给和配送所需产品。新型城镇化的建设，带来了产业、人口的集约效应，使消费集中而且需求量大。然而，城市人口密度过大会导致现有资源无法满足需求，居民生活水平下降，生活质量不能提高。只有构建高水平的物流体系，才能使商品快捷、经济、安全地到达周边地区，才能有效保障城镇化发展过程中城市功能的实现。

新型城镇化以人为核心，关注城镇居民全面发展，积极构建和谐便捷、安全环保的城镇环境，使居民安居乐业。然而，衣食住行、医疗卫生、娱乐休闲等基本生活形态的好坏直接影响着居民生活的幸福感。现代物流通过完善的物流体系、深度感知的智能仓储系统、高效匹配的信息资源、先进的社区智能收取系统，能为居民提供家具装饰、家用电器、衣帽鞋服、粮油食品等各类生活用品专业完整的点对点、门对门的配送服务，提供比农村生活更加便利的商品消费服务，能有效提升城镇居民的幸福值。同时，现代物流业注重环保和服务质量，对物流工作人员进行专业技能培训及使用新能源环保汽车，既能为城镇居民提供便捷优质的配送服务，又能相应地减少城市噪声和尾气排放所造成的环境污染，有利于城镇居民快乐生活。

4.3　新型城镇化对现代物流业影响机理分析

根据相关文献研究结果，我国新型城镇化水平每提升 1%，现代物流业的增加值就会提高 6% 左右，因此新型城镇化建设为现代物流业发展提供了巨大的市场和平台。新型城镇化建设进程不断地推进，会不断提升现代物流业水平和服务能力，推动现代物流业向细分化、专业化发展，促进现代物流业持续发展与不断创新。

4.3.1　在提升现代物流业水平和服务能力方面

近年来，国家为推进新型城镇化，大力修建公路、改造铁路干线和内河航道，初步形成了较为完整的交通运输网络。此外，新型城镇化的推进，完善了信息化基础设施建设，促进了先进物流信息网络的构建，提高物流信息处理、交换、传递的速度，降低物流成本，提升了物流效率，为物流信息服务平台提供技术保障。因此，新型城镇化能提升现代物流业基础设施水平，提高物流服务效率。

新型城镇化有助于公共物流服务能力的提高。伴随着工业化进程，人的生产和生活逐步向城镇集中，人口向城镇集中必然对相关公共物流服务提出新的要求，由此对城市相关基础设施建设工程提出新的要求。城镇住房建设，供水供电、供气供热，医疗医药相关物流服务，公共交通，城市废弃物处置，教育科研，应急救援，绿色城市等物流相关服务及物流公共信息平台建设等方面，都集聚着巨大的物流服务需求。目前，众多物流企业在上述专业物流服务领域的作用还没有完全显现，具有很大的提升、创新和发展空间。

4.3.2　在促进现代物流业细分化、专业化发展方面

按照中国共产党第十八次全国代表大会确定的 2020 年城镇化率要超过 60%

的目标，在经济中高速增长的情况下，2020 年全国社会物流总额有可能达到 301 万亿元的水平，物流业增加值有可能达到 6 万亿元的规模，约为 2011 年的 1.9 倍。因此，新型城镇化的发展为现代物流业的发展带来了巨大的商机，供应链管理、IT 物流、仓储物流、商贸物流、农产品物流、冷链物流等众多物流领域都有着巨大的发展机会。例如，农产品物流和冷链物流，可以构建"农产品产销一体化流通链条"，重点支持主要农产品集散地，建立优势农产品批发市场。健全覆盖农产品搜集、存储、加工、运输、销售各环节的冷链物流体系，开展快捷高效配送，推动农产品物流的细分化，现代物流业中的其他物流领域的发展遵循同样的道理。

首先，新型城镇化的集聚效应带来了人口和产业在城镇的集聚，而人口和产业的不断增长又释放了大量生活和生产性的物流需求及城镇建设的公共服务物流需求，逐步细化了物流市场。随着我国城镇居民的不断增加、居民对生活质量要求的日益提高和便利化生活方式的流行，人们对国内外新鲜蔬果、水产品、肉类、百货等商品有着更高的品质追求和更快的送达速度要求，极大推动了提供配套服务的农产品物流、冷链物流、国际物流、商贸物流、电商物流、加工物流和配送物流的发展。根据商品的不同特性和受众市场的不同，物流形式得到精细化发展。例如，配送物流又进一步细分为餐饮配送、医药配送、便利店配送等社区专业化配送物流。针对城镇居民不同生活性物流需求，生活类物流市场进一步细化，必然会不断促进现代物流业向专业化发展。其次，在新型城镇化的进程中，制造产业形成产业链集群式发展，会不断衍生出上下游供应链物流管理精细化需求。供应链管理为现代物流发展提供广阔的市场空间，针对不同行业产品特性，形成从采购、生产到销售的供应链物流解决方案，极大促进供应链物流、仓储物流、IT 物流的专业化发展，为第三方物流和第四方物流提供发展空间。最后，在新型城镇化建设进程中，人口的增长对公共物流服务提出新的要求。例如，城市生活垃圾运输处理、再生资源回收、公共交通运输、应急救援、绿色城市等相关公共物流服务及物流公共服务平台建设等方面，都蕴藏着巨大的物流服务需求。目前，现代物流业的服务专业化程度还不高，在现代物流业的服务市场需求驱动下，现代物流业会不断向专业化、精细化方向发展。

4.3.3　在促进现代物流业持续发展与创新方面

从现代物流业的角度出发，新型城镇化是其持续发展的重要保障。首先，新型城镇化中现代物流业的全方位开展，不仅可以大大增加现代物流业的产值，同时为现代物流业的转型升级找到新的发展契机；其次，新型城镇化规模和水平的不断提高，为物流技术的不断革新提供了动力和支撑；最后，现代物流业通过提供专业化的物流服务，使商品价值得以更好实现，因此随着新型城镇化水平的提高，作为服务业的现代物流产业会有更好的市场基础，更有大规模发展的可能。

物流业在我国很长一段时间内处于简单装卸、运输、仓储等活动的低运行水平时期，物流产品种类单一，服务水平较低。自我国推进新型城镇化战略以来，为满足市场日益增长的物流需求，现代物流业对产品和服务不断进行了战略创新。新型城镇化建设为工业化建设提供平台，集聚制造业的快速发展，特别是中小企业的蓬勃发展。物流业在为制造业引入供应链物流服务的同时，通过与资金流的融合，创新出多种物流金融产品，如存货质押、仓单质押、融通仓、融资担保、统一授信、供应链融资等增值服务。此外，新型城镇化过程中，互联网、通信基础设施的完善，使物流与信息流、商品流融合，创新高效"互联网+物流"服务模式。

4.4　现代物流业与新型城镇化互动作用机制分析

新型城镇化中的"新"，不仅包含人口城镇化，还含有社会、经济、环境与生活等的概念。现代物流业在发展过程中通过产业集聚促进高素质人才和技术要素的聚集，同时能吸引大部分劳动力，有利于促进人口城镇化。此外，现代物流业的发展还能促进生产性服务业的发展，从而促进第三产业的发展，促进产业结构的优化升级，增强新型城镇化的集聚效应，进而促进社会城镇化。在现代物流业进程中发展的相关物流园区的建设，能够促进物流基础设施的建设，使相关政策不断得到完善，从而不断扩大城镇化的发展规模，改变城镇的空间布局，促进空间城镇化。随着现代物流业的不断发展，政府会不断调整政策，逐步优化产业结构，提供更加完善的配套设施、服务与管理制度，进而吸引各种技术、资金、劳务等要素集聚，加速物流产业集聚，并通过集聚衍生的外部效应和溢出效应推动企业和地区间要素共享与交流，从而提升人们生活的整体品质，最终加速经济城镇化进程。另外，新型城镇化可以通过提供硬件支撑与扩大市场规模促进分工，为现代物流业提供驱动力。同时，新型城镇化具有人口和经济聚集的特征，为现代物流业的产生和发展提供了所需的市场环境和条件。新型城镇化还能为现代物流业的发展提供良好的基础设施及制度、文化、环境，为现代物流业的发展提供坚实的基础。此外，新型城镇化在推进中能不断优化产业结构，为物流产业的聚集与提升提供强有力的支撑。现代物流业与新型城镇化互动作用机制如图 4-1 所示。

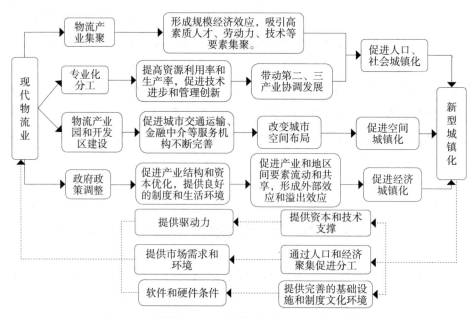

图 4-1　现代物流业与新型城镇化互动作用机制模型

4.4.1　现代物流业是新型城镇化发展强有力的支撑

现代物流业通过供应链将物流企业、商贸企业、制造企业、金融企业等紧密相连，不仅能促进交通业、信息业等各行业的发展，还能促进包括城市配送、物流加工、物流中心等在内的物流环节的共同发展，对合理配置城市各项经济资源，促进经济活动高效运转，减轻城镇化进程中所带来的交通、环境等社会压力，起到明显的作用。同时，现代物流业的发展可吸纳城镇化进程中大量剩余劳动力在城际、同城、城乡三级城市配送、快递企业、物流加工企业等物流领域就业，促进城镇产业布局的优化，维护社会稳定，促进城镇化有序健康发展。因此，现代物流业是新型城镇化发展强有力的支撑。

4.4.2　新型城镇化是现代物流业发展的牵引力

城镇作为社会体系重要的组成部分，是人员、商贸和工业企业相对集聚的中心，也是全国物流网络重要的节点。新型城镇化水平的提高，必然意味着城镇人员的进一步集聚。经济、文化活动的增强，线上线下对各种商品需求增加，导致对物流需求加大，从而促进城市配送、区域物流、快递企业布局及商贸物流等现代物流业大力发展。同时，新型城镇化突出人的需求，在城市可持续发展过程中，其道路、通信、电力、网络等基础设施日益完善，能极大地推动物流企业通过发展电子商务、智慧物流平台、"互联网 +"等举措向信息化、现代化发展。因此，新型城镇化是现代物流业发展的牵引力。

4.5　本章小结

本章首先对影响现代物流业与新型城镇化发展的内在因素进行了分析，分别对现代物流业与新型城镇化发展进行研究。因为现代物流业的内在影响因素在上一章已进行了详细分析，所以本章并没有再进行详细分析。影响新型城镇化发展的主要因素包括经济发展、产业发展水平、教育水平、基础设施建设水平、政府政策、生态环境等因素，其中人才和教育水平、经济和产业发展、基础设施及制度政策等因素在现代物流业与新型城镇化的互动发展进程中发挥着关键作用。

其次，本章分别对现代物流业对新型城镇化作用机理分析和新型城镇化对现代物流业影响机理进行了分析。现代物流业主要通过优化产业结构，促进新型城镇合理布局影响新型城镇化的均衡发展；通过创造就业岗位，促进新型城镇经济发展，影响新型城镇化的稳定发展；通过提升生活质量影响新型城镇化的幸福发展。新型城镇化的发展，会不断提升现代物流业水平和服务能力，推动现代物流业向细分化、专业化发展，促进现代物流业持续发展与不断创新。

最后，本章基于现代物流业与新型城镇化互动作用机制，得出现代物流业是新型城镇化发展强有力的支撑，新型城镇化是现代物流业发展的牵引力。现代物流业的发展与新型城镇化建设息息相关，两者之间相互依存、相互作用、相互促进和影响，共同推动着当地经济和社会的发展。

第5章
现代物流业与产业结构优化
互动实证研究

5.1 现代物流业与产业结构优化关联机制分析

近年来，国内外学者对物流业、产业结构优化等做了大量理论和实证研究。对物流业与经济、产业结构与经济关联内涵、机理等方面的研究较多，但对两者之间的关联机制研究较少。合理的产业结构能驱动地区经济增长，地区经济与地区物流具有强集聚关联性。国外学者 J. C. Tyan[1]、A. Maciulis[2]、Bergman[3] 从经济持续增长、区域竞争力、产业调整等角度阐述了物流业对经济和产业发展的促进作用。在物流业发展方面，国内学者戢晓峰[4] 从集聚角度研究了物流与经济的关联性，提出评价物流能力的十四项指标，并对固定资产投入、劳动投入、需求等给予验证。在产业结构优化方面，张阳[5] 采用空间面板数据等得出人力资本积累等能促进产业结构优化升级。针对两者之间是否存在

① TYAN J C, WANG F K, DU T C. An evaluation of freight consolidation policies in global third party logistics[J]. Omega, 2003, 31(1): 55-62.

② MAČIULIS A, AIDAS V, JAKUBAUSKAS G. The impact of transport on the competitiveness of national economy[J]. Transport, 2009, 24(2): 93-99.

③ DOBSON G, NAMBIMADOM R S. The batch loading and scheduling problem[J]. Operations Research, 2001, 49(1): 52-65.

④ 戢晓峰，张雪，陈方，等.基于多源数据的区域物流与经济发展关联特性分析——以云南省为例 [J]. 经济地理，2016, 36(1): 39-45.

⑤ 张阳，姜学民.人力资本对产业结构优化升级的影响——基于空间面板数据模型的研究 [J]. 财经问题研究，2016(2): 106-113.

联系，黄先军[1]通过测度关联度和全要素生产率发现了物流业促进产业结构优化升级路径。邹筱[2]对两者间的互动关系进行实证测度，得出互动发展两阶段关系。关于关联测度，宗刚[3]、岳云康[4]运用灰色关联实证分析物流业与各行业之间的关联度以及关联等级，并进一步分析物流能力各指标对产业结构升级的影响。王文铭[5]通过综合运用协整理论和格兰杰因果检验法，研究了区域物流能力与三次产业结构优化调整内在机制。

5.1.1 指标与数据选择

物流能力指地区各物流单位提供物流服务的能力的总和，可以体现物流业运行潜力及具体状态，能够定量地体现整体物流行业发展现状。唐建荣等学者认为用交通运输、仓储、邮政业增加值表示物流业发展整体水平具有一定可靠性。其研究选取了以下指标评价区域物流综合能力：用公路铁路总里程、货物周转量指标表示基础条件支撑能力；用仓储固定资产投资、物流业从业人员数量、载货车数量表示经营主体运营能力；用互联网用户数、社会消费品零售总额表示物流环境保障能力（见表5-1）。

该研究还选取产业结构升级率代表产业结构优化水平。产业结构优化一直被认为是广泛的动态经济系统，从发展的角度可将其分为合理化、高度化和可持续化三个层面，分别用结构偏离度、工业产业规模度、R&D指标、非农产业比重、非农就业人数比重、高新技术产业产值/第二产业产值、环保投入比重等指标表示（见表5-1）。

① 黄先军，李亦亮. 物流业与其他产业之间联动发展的路径及实证分析——以安徽省为例 [J]. 江淮论坛，2014(3): 70-74.

② 邹筱，李玉琴，阳大发. 湖南省产业结构优化与区域物流能力互动综合评价 [J]. 数学的实践与认识，2017, 47(22): 291-299.

③ 宗刚，肖晓昀. 基于灰色关联视角的物流业与制造业联动发展研究——以长三角为例 [J]. 财经理论与实践，2016, 37(3): 111-116.

④ 岳云康，焦利芹，高平堂. 山西物流与经济灰色关联分析 [J]. 经济问题，2017(7): 121-124.

⑤ 王文铭，殷凤朝，满影. 物流业发展与区域经济及产业结构调整的关联分析 [J]. 武汉理工大学学报（交通科学与工程版），2014, 38(6): 1217-1220.

表 5-1　湖南省产业结构优化与物流能力评价指标体系

符号	物流能力指标	符号	产业结构优化指标
W_1	公铁路总里程（公里）	C_1	结构偏离度（%）
W_2	货物周转量（亿吨）	C_2	工业产业规模度（%）
W_3	仓储固定资产投资（亿元）	C_3	R&D 经费投入（亿元）
W_4	物流业从业人员数量（万人）	C_4	非农就业人数比重（%）
W_5	互联网用户数（万户）	C_5	高新技术产业产值 / 第二产业产值（%）
W_6	社会消费品零售总额（亿元）	C_6	环保投入比重（%）
W_7	载货车数量（万辆）	C_7	非农产业比重（%）

根据表 5-1 中的评价指标体系，结合湖南省新型城镇化发展现状，考虑到数据来源局限性，本书选取 2005 年以来 12 年的发展数据作为研究对象，主要对《湖南省统计年鉴（2006—2017）》、湖南省统计局网站、统计公报及其他资料上的原始数据进行归类和粗加工处理，分别得到湖南近 12 年物流能力和产业结构升级相关指标数据。

5.1.2　物流业与产业结构优化关联机制测度

湖南省物流业与产业结构优化之间是否存在长期均衡发展关系，本书运用协整检验方法在前人的研究基础上选取 2005—2016 年 12 年的物流业增加值（WR）和产业结构升级率（CR）两个指标进行验证，其中，产业结构升级率（CR）定义为第二产业增加值与第三产业增加值之和与 GDP 比值。

1. 平稳性检验

检验具有时间效应的经济指标的平稳性能有效避免非平稳性指标造成的伪回归效应，以实现数据分析结果的有效性。为排除所选指标间量纲问题，对其进行对数处理。本书运用 Eviews 8.0 软件对经济时间序列进行 ADF 平稳性检验，通过总结分析，最终结果数据如表 5-2 所示。

表 5-2 ADF 检验表

变量	检验类型	ADF 检验值	各显著水平下的临界值			检验结果
			1%	5%	10%	
WR	有截距无趋势	−3.984	−4.200	−3.175	−2.729	平稳
ΔWR	有截距有趋势	−3.500	−5.295	−4.008	−3.461	平稳
CR	有截距无趋势	−0.225	−4.200	−3.175	−2.729	不平稳
ΔCR	有截距有趋势	−4.228	−5.522	−4.108	−3.515	平稳

由表中的 ADF 检验结果可知，WR 的 ADF 值小于 5%、10% 显著水平下的临界值，大于 1% 水平下的临界值，可认为在 95% 置信度下拒绝原假设，WR 是平稳的。CR 的 ADF 值均大于 1%、5%、10% 显著水平下的临界值，则可认为在 90% 置信度下接受原假设，CR 是不平稳的。一阶差分 ΔWR 的 ADF 值小于 10% 显著水平下的临界值，大于 5% 水平下的临界值，可认为在 90% 置信度下拒绝原假设，ΔWR 是平稳的。一阶差分 ΔCR 的 ADF 值小于 5%、10% 显著水平下的临界值，可认为在 95% 置信度下拒绝原假设，ΔCR 是平稳的。因此，一阶单整序列 WR、CR 都具有平稳性，可以进行协整检验。

2. E-G 两步法协整检验

运用该方法检验两者之间是否存在协整关系。建立如下回归方程式：

$$CR = \sigma + \gamma WR \qquad （公式 5.1）$$

式（5.1）中，WR 指物流业增加值，σ 代表常数，γ 指代关系系数，CR 表示产业结构升级率。利用 Eviews 8.0 软件，得出表 5-3 所示结果。

表 5-3 协整关系

变量	系数	标准差	$t-$ 统计量	概率
CR	4.080 3	0.036 3	112.480 9	0.000 0
WR	0.055 5	0.005 4	10.279 7	0.000 0

利用回归模型，确定 WR、CR 之间是否存在稳定协整关系，对残差进行 ADF 检验如表 5-4 所示。

表 5-4　残差 ADF 检验表

			$t-$ 统计量	概率
增广 Dickey–Fuller 检验			−5.092 7	0.012 9
测试临界值	1% 水平线		−5.295 4	
	5% 水平线		−4.008 2	
	10% 水平线		−3.460 8	

由表 5-4 中的 ADF 协整检验结果可知，残差的 ADF 值均小于 5%、10% 显著水平下的临界值，在置信度 95% 水平下拒绝原假设，序列 WR 和 CR 可认定为（1，1）阶协整，得如下回归方程式：

$$CR = 4.08 + 0.055 \times WR \qquad （公式 5.2）$$

方程（5.2）表示的经济学意义可理解为在市场环境处于良好状态下，湖南省物流业增加值每提高 1 倍，产业结构升级率增加 5.5%，这表明增加物流业投入能带动产业结构升级。

5.1.3　灰色关联测度

1. 灰色关联模型

灰色关联分析从系统散乱、随机的行为特征量中确定各因素间的关联程度，依据数据序列的曲线几何形状的相似性判断两者是否紧密相关。考虑到相关部门数据统计的局限性等因素，本书在邓氏关联度求解模型基础上，计算物流业与产业结构优化各指标一对一的关联度。主要从确定分析的序列矩阵、采用均值化对变量序列进行无量纲化、求绝对差序列、计算关联系数、计算各序列与参考序列的关联度等五个步骤对数据进行处理。将关联度最大的指标视为关键因素，定为胁迫因素。关联度高于 0.8 视为高关联，0.6 ～ 0.8 视为中关联，低于 0.6 视为低关联。

2.灰色关联矩阵

由以上检验结果可知物流业与产业结构优化存在协整关系，为进一步验证两者间内在关联机制，采用 MATLAB 对均值化后的数据进行灰色关联计算，得出湖南省物流能力指标与产业结构优化指标间的灰色综合关联度，并分别对物流业指标与产业结构优化指标关联度取均值排序，如表 5-5 所示。

表 5-5　湖南省物流能力与产业结构优化关联度

物流能力	产业结构优化							均值	排序
	C_1	C_2	C_3	C_4	C_5	C_6	C_7		
W_1	0.767	0.614	0.649	0.897	0.564	0.552	0.570	0.659	6
W_2	0.868	0.681	0.673	0.908	0.590	0.582	0.628	0.704	2
W_3	0.559	0.639	0.793	0.537	0.923	0.790	0.548	0.684	3
W_4	0.794	0.633	0.661	0.914	0.579	0.569	0.592	0.677	4
W_5	0.722	0.808	0.772	0.681	0.750	0.792	0.766	0.759	1
W_6	0.766	0.628	0.646	0.732	0.606	0.587	0.554	0.646	7
W_7	0.783	0.628	0.664	0.888	0.577	0.564	0.584	0.670	5
均值	0.751	0.662	0.694	0.794	0.656	0.634	0.606		
排序	2	4	3	1	5	6	7		

5.1.4　关联机制影响因素综合分析

1.影响物流业的产业结构因素分析

从表 5-5 中可以看出，产业结构优化对物流能力最主要的胁迫因素是非农就业人数比重，其次是产业结构偏离度，其关联度分别为 0.794 和 0.751，其原因在于物流业属于现代服务业。郑红玲[①]等学者研究表明第三产业就业弹性大于第二产业，更能吸收第一产业剩余劳动力，有效控制产业结构偏离度有利

① 郑红玲，刘肇民，鲁丽丽 . 河北省就业结构、产业结构与经济增长的联动分析 [J]. 地域研究与开发，2018，37(2): 63-68.

于调控物流业发展。R&D 经费投入额与物流能力关联度为 0.694 属于中关联，可认为产业结构高度化水平能影响物流能力，增加研究与开发经费，提高产业创新性能促进物流发展，尤其是对物流仓储固定资产投资。工业产业规模度与物流能力关联度为 0.662，属于中度关联，该因素能影响物流业发展且与互联网用户数、货物周转量因素关联度较高，关联度分别为 0.808、0.681，显示规模以上工业企业的增加能够通过影响互联网用户与货物周转量，进而影响其整体能力。高新技术产业产值 / 第二产业产值与物流业关联度仅为 0.656，但与物流业仓储固定资产投资关联度较高，为 0.923，与公铁路总里程指标关联度最低，为 0.564，得出可通过改变物流仓储固定资产投资额，增强高新技术产业对物流业发展的影响。环保投入比重与物流业关联度较低，仅高于非农业产业比重，为 0.634，环保投入与物流能力各指标关联度普遍较低，表明单纯的提高环保比重或非农业比重对驱动物流业发展效果不明显。

2. 影响产业结构优化的物流因素分析

从表 5-5 中可以看出，物流能力指标对产业结构优化发展最主要的胁迫因素是互联网用户数，其关联度为 0.759，该指标受工业产值规模度影响最大，其关联度为 0.808，说明改变互联网用户数以及从影响工业产值规模度等高度化指标方向可以驱动产业结构优化。货物周转量与产业结构优化的关联度为 0.704，位居第二，属于中关联，其中与非农就业人数关联度指标最高，为 0.908，表明货物周转量对非农就业有重要影响。仓储固定资产投资与产业结构优化的关联度为 0.684，其中与产业结构优化指标高新技术产业产值 / 第二产业产值关系紧密，其关联度为 0.923，显示仓储固定资产投资可通过影响该指标驱动产业结构优化。物流从业人数与产业结构优化的关联度为 0.677，其中与高度化指标非农就业人数关联度最大，为 0.914，表明物流从业人数主要通过影响非农就业人数驱动产业结构优化。载货车数量与产业结构优化关联度相对较低，为 0.670，与高新技术产业产值 / 第二产业产值、环保投入比重、非农产业比重的关联度最低，得出载货车数量对后三项指标影响不大。公铁路总里程、社会消费品零售总额与产业结构优化关联度最低，关联度分别为 0.659、0.646，其中公铁路总里程与环保投入比重关联度为 0.551 7，社会消费品零售总额与非农业比重的关联度为 0.554，该两项物流指标分别与产业结构优化整体关联度低及环保投入比重、非农业比重关联度较低有关。

5.1.5 结果分析

本书运用协整检验、灰色关联模型，对湖南省物流业与产业结构升级内在关联机制进行测算，并得出以下结论。

1. 湖南省产业结构升级与物流业发展存在协整关系且物流业发展对产业结构优化有比较显著的影响，在市场环境处于良好状态下湖南省物流业增加值每提高 1 倍，产业结构优化率增加 5.5%。

2. 互联网用户数和非农就业人数比重是影响物流业与产业结构两者协整关系的胁迫因素。物流周转量、社会消费品零售总额分别是影响产业结构优化的重要影响因素和最次要因素。非农就业人数比重、产业结构偏离度、非农产业比重分别是影响物流业发展的胁迫因素、重要影响因素和最次要因素。

3. 从物流业各因素促进产业结构优化角度得出，仓储固定资产投资与高新技术产值／第二产业产值之间关联最紧密，物流业货物周转量、公铁路总里程、物流业从业人员数量、载货汽车数量与非农就业人数关联最紧密，互联网用户数与工业产值规模度关联紧密，社会消费品零售总额与结构偏离度关联最紧密。从产业结构优化各因素与物流业发展角度得出，结构偏离度、非农产业比重与货物周转量关系最紧密，工业产值规模度、环保投入比重、非农就业比重与互联网用户数关系紧密，R&D 经费投入、高新技术产值／第二产业产值与仓储固定资产投资关系最紧密。

5.2 现代物流业与产业结构优化互动关系研究

5.2.1 PCA 分析法及 VAR 模型概述

1. PCA 分析法概述

（1）主成分分析方法的定义及性质。将多个变量经过线性组合从而得出较少的几个重要变量的方法称为主成分分析法（principal component analysis，以下简称PCA），又称主分量分析法[①]。实际研究中，为了对课题进行更全面的分析，往往会给出较多的与变量相关的因素，各因素在不同程度上反映了这个问题的某种信息。而主成分分析法在统计学中通常被作为一种简化数据集的技术手段，它通过线性变换将原先的坐标系统变换到另一坐标系统，任一个数据投影的最大方差处于第1坐标系（即第1主成分）上，第二大方差处于第2坐标系（第二主成分）上，以此类推[②]。因此主成分分析法可通过降低原数据集的维度，并保留原始数据最重要的部分，以此达到简化计算的目的。

在多准则的综合评价问题研究中，多采用主成分分析法，主要因为其满足以下几个条件：主成分的个数比原始指标少很多，最优情况是只有一个主成分；样本的主成分应尽可能多地涵盖原始指标包含的各种信息；若存在多个主成分，则这些主成分两两间是互不相关的，且可依据其重要程度进行排序。主成分分析法之所以满足这些条件，是因其推导过程中是基于以下两个定理开展的。

定理 1：令 $H_{n \times n}$ 为正定矩阵，且 $I_{n \times 1}$ 为给定向量，则对任意非零向量 $K_{n \times 1}$ 有 $\max\limits_{K \neq 0} \dfrac{(K'I)^2}{K'HK} \leqslant I'H^{-1}I$ 对任意非零常数 C，当 $K_{n \times 1} = CH^{-1}_{n \times n}I_{n \times 1}$

定理 2：令 $H_{n \times n}$ 为正定矩阵，它的特征值是 $l_1 \geqslant l_2 \geqslant \cdots \geqslant l_n$，且相应的规范化向量是 f_1，f_2，$\cdots$，f_n。则

$$\max\limits_{K \neq 0} \frac{K'HK}{K'K} = l_1 \qquad （当 K = f_1 时达到最大值）$$

$$\max\limits_{K \neq 0} \frac{K'HK}{K'K} = l_n \qquad （当 K = f_n 时达到最大值）$$

更进一步

$$\max\limits_{k \perp \alpha_1, \cdots, \alpha_n} \frac{K'HK}{K'K} = l_{m+1} \quad （当 K = f_{m+1}，m = 1，2，\cdots，n-1 时达到最大值）$$

定义 1：设 $K = K_1, K_2, \cdots, K_n'$ 为 n 维随机向量，它的第 i 个主成分分量可表示为 $J_i = \mu_i K$，$i = 1, 2, \cdots, n$。其中 μ_i 是正交阵 U 的第 i 个列向量，并满足以下条件：

---

① 宋晓莉，余静，孙海传. 模糊综合评价法在风险评估中的应用信息安全[J]. 2006, 12: 71-73.

② 辜胜阻，刘江日. 城镇化要从"要素驱动"走向"创新驱动"[J]. 人口研究，2012,(6): 3-12.

J_i 是 $K_1, K_2, \cdots, K_n$ 的线性组合中方差最大者；

J_p 是与 $J_1, \cdots, J_{p-1}$ 不相关的 $K_1, K_2, \cdots, K_n$ 的线性组合中方差最大者，P = 2, 3, $\cdots$, n。

性质 1：设 $\sum$ 是随机向量 $K = K_1, K_2, \cdots, K_n'$ 的协方差矩阵，其特征值 – 特征向量对为 $l_1, f_1, l_2, f_2, \cdots, l_n, f_n$，其中 $l_1 \geqslant l_2 \geqslant \cdots \geqslant l_n \geqslant 0$。则第 i 个主成分为

$$J_i = f_i'K = f_{i1}K_1 + f_{i2}K_2 + \cdots + f_{in}K_n \qquad i = 1, 2, \cdots, n$$

且

$$\mathrm{VAR}J_i = f_i' \sum f_i = l_i \qquad i = 1, 2, \cdots, n$$

$$\mathrm{cov}J_i, \quad J_p = f_i' \sum f_p = 0 \qquad i \neq p$$

性质 2：设随机向量 $K = K_1, K_2, \cdots, K_n'$ 有协方差矩阵 $\sum$，其特征值 – 特征向量对 $l_1, f_1, l_2, f_2, \cdots, l_n, f_n$，其中 $l_1 \geqslant l_2 \geqslant \cdots \geqslant l_n \geqslant 0$。$J_p$ 是其主成分，则

$$\delta_{11} + \delta_{12} + \cdots + \delta_{nn} = \sum_{i=1}^{n} \mathrm{VAR}K_i = l_1 + l_2 + \cdots + l_n = \sum_{i=1}^{n} \mathrm{var}(J_i)。$$

通过性质 2 可以知道，主成分的向量协方差矩阵 $\sum$ 对角矩阵。方差表示的是主成分包含的信息量，从以上分析易知，方差总和 = $\delta_{11} + \delta_{12} + \cdots + \delta_{nn} = l_1 + l_2 + \cdots + l_n$，即特征值与主成分包含的信息量是对应的。根据以上分析，给出如下定义：

定义 2：称 $l_p / \sum\limits_{i=1}^{n} l_i$ 为第 p 主成分的贡献率，称 $\sum\limits_{i=1}^{p} l_i \Big/ \sum\limits_{i=1}^{n} l_i$ 为前 p 个主成分的累积方差贡献率。

性质 3：如果 $J_i = f_i'K$，$J_2 = f_2'K$，$\cdots$，$J_n = f_n'K$ 是从协方差矩阵 $\sum$ 所得到的主成份，则

$$\rho J_P, \quad K_i = \frac{f_{pi}\sqrt{l_p}}{\sqrt{\delta_{ii}}} \qquad i, p = 1, 2, 3, \cdots, n$$

是成分 J_p 和变量 K_i 之间的相关系数。在实际应用时，系数绝对值较大的变量，一般会表现出较大的相关性。因此，考察 $\rho J_p, K_i$ 有助于对主成分进行解释。

（2）主成分分析法核心思想。主成分分析法的核心即借助一个正交变换，把初始的随机变量（分量具有相关性）转换为一个新的随机变量，使其分量不再具有相关性，从代数视角看来，即把协方差矩阵转换成对角矩阵；从几何视

角看来，是把初始随机变量变换成正交的系统，使它能够指向样本点分布的最分散的正交方向，从而达到降维的目的。主成分分析法是一种以最小均方误差为标准的提取方法。

（3）主成分分析法算法步骤。

第一步：选取 m 维随机向量 $\gamma = (\gamma_1, \gamma_2, \gamma_3, \cdots, \gamma_m)$ 的 n 个样本，$\gamma_t = (\gamma_{t1}, \gamma_{t2}, \gamma_{t3}, \cdots, \gamma_{tp})$，列出观察矩阵 $\gamma = (\gamma_{tp})_{n*m}$；

第二步：将原始数据转化为正向指标，然后通过公式 5.3 进行标准化变换（正交变换），得到矩阵 T，具体公式如下：

$$x^*_{tp} = \frac{x_{tp} - \overline{x_p}}{\sqrt{VAR(x_p)}}, \quad t=1, 2, \cdots, n; p=1, 2, \cdots, m$$

其中 $\overline{x_p}$，$\sqrt{VAR(x_p)}$ 分别表示第 p 个因素的平均值与标准差。标准化处理后得到 $T = \begin{bmatrix} T'_1 \\ T'_2 \\ \vdots \\ T'_n \end{bmatrix} = \begin{bmatrix} T_{11} & T_{12} & \cdots & T_{1m} \\ T_{21} & T_{22} & \cdots & T_{2m} \\ \vdots & \vdots & \ddots & \vdots \\ T_{n1} & T_{n2} & \cdots & T_{nm} \end{bmatrix}$；

第三步：计算 T 的相关系数 $R_T = \left[R_{tp} \right]_{m \times m} = \dfrac{T'T}{n-1}$；

第四步：求解相关系数矩阵 R 的特征方程，得到 m 个特征值，$\lambda_1 \geqslant \lambda_2 \geqslant \lambda_3 \geqslant \ldots \geqslant \lambda_m$；

第五步：得到主成分 $b_t = v'_t a, t = 1, 2, 3, \cdots, m$，或 $\beta = V\alpha$，其中，

$$V = \begin{bmatrix} v'_1 \\ v'_2 \\ \vdots \\ v'_n \end{bmatrix} = \begin{bmatrix} v_{11} & \cdots & v_{1s} \\ \vdots & \vdots & \vdots \\ v_{n1} & \cdots & v_{ns} \end{bmatrix}, \quad v_{tp} = T_t a^0_p, \quad a^0_p \text{ 是特征向量。}$$

主成分分析法基本步骤流程如图 5-1 所示。

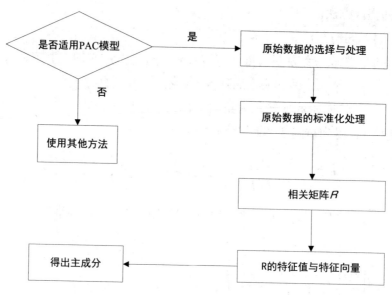

图 5-1　主成分分析法基本步骤流程图

2. VAR 模型概述

（1）VAR 模型的定义及一般形式。向量自回归模型即 vector auto regression（以下简称 VAR），它通过把系统中的每个内生变量作为系统中所有内生变量的滞后值函数来构造模型，常用于预测相互联系的时间序列系统及分析随机扰动对变量系统的动态影响，是处理多个相关经济指标的分析与预测最易操作的模型之一[①]。VAR 模型既可以用于预测相互联系的事物之间的关系，也可以用于分析相互关联的事物间动态的关联性及系统的动态影响，这里主要侧重于后者。其一般形式如公式 5.3 所示：

$$Y_{t=}\sum_{j=1}^{k}\beta_j Y_{t-j} + \sum_{j=0}^{l}\alpha_j X_{t-j} + u_t \quad t = 1, 2, \cdots, n \qquad （公式 5.3）$$

Y_t，X_{t-j}（$j = 0, 1, 2, \cdots, k$）、Y_{t-j}（$j = 1, 2, \cdots, l$）分别为内生变量、外生变量和滞后内生变量向量；k,l 为滞后阶数；β_j、α_j 分别为系数矩阵和待估计

① 栾申洲. 对外贸易、外商直接投资与产业结构优化 [J]. 工业技术经济，2018, 37(1): 86-92.

参数矩阵；u_t 是 s 维随机误差向量。

（2）向量自回归模型的特点。与其他模型相比，VAR 模型具有以下特点：

① 建立 VAR 模型需要着重关注两个问题，第一个问题是模型选用哪些变量（一般情况下当变量间确实存在关联性时才能选取），第二个问题是模型滞后阶数 P 的确定；

② VAR 模型一般不约束参数估计值的显著性；

③ VAR 模型的解释变量一般不包含当期变量；

④ VAR 模型估计的参数通常有多个，如果 VAR（2）有三个变量，则模型需要估计的参数个数为 18 个；

⑤ VAR 模型要求样本数量较多，样本量过少会导致模型的参数估计存在偏差。

（3）VAR 模型的稳定条件。VAR 模型的稳定条件即要求特征方程的特征根全部落在单位圆内，反之则不稳定。若相反，特征方程的根全部落在单位圆以外，也可以判定模型稳定。

因此，关于 b 大于 1 的 VAR（b）模型而言，一般可将矩阵变换为分块矩阵，此时 VAR 模型的形式为

$$Y_t = \alpha Y_{t-1} + U_t + C \qquad （公式 5.4）$$

此时若要求 VAR 模型稳定，则需特征方程 $|\alpha - \delta L| = 0$ 的根都小于 1，否则模型不稳定；若相反的特征方程，特征根均在单位圆外的，也可认为其是稳定的。

（4）VAR 模型相关理论。

① 平稳性检验。为防止时间序列数据出现"伪回归"现象，或存在不平稳的情况，或随机扰动项存在自相关的现象，一般情况下需借助单位根检验来判断，即 ADF 检验，该检验方法主要是通过判断参数 t 值与 ADF 临界值的大小关系来说明时间序列的稳定性。只有当参数 t 值小于临界值时，才可认为该时间序列是平稳的。另外，VAR 模型的滞后阶数则需要通过 LR（likelihood ratio）统计量、SC（Schwarz Criterion）及 AIC（Akaike Information Criterion）等准则确定，并保证残差非自相关。

② 协整检验。平稳时间序列之间的长期均衡关系一般会用到协整检验，而单独通过建立 VAR 模型很难解释单个参数估计值。这种情况下，可借助脉冲

响应函数说明系统内所有变量的相互影响，并能得出全部信息的相互作用结果。分析对第 j 个新生正交变量的冲击，从而反映 VAR 模型的动态特征。

③ VAR 模型的脉冲响应函数。在 VAR 模型的应用过程中，由于它是一种非理论性模型，所以我们一般不用分析变量间的影响，而是重点分析误差项的变化（或模型遭遇冲击时）给系统带来影响，我们称这种分析方法为脉冲响应函数分析法。

脉冲响应函数主要是运用时间序列模型来进行分析，研究扰动项的变化对各变量的影响。我们将采用 VAR 模型进一步研究脉冲响应函数的原理。

$$\begin{cases} Y_k = h_1 Y_{k-1} + h_2 Y_{k-2} + l_1 Z_{k-1} + l_2 Z_{k-2} + \theta_{1k} \\ Z_k = m_1 Y_{k-1} + m_2 Y_{k-2} + n_1 Z_{k-1} + n_2 Z_{k-2} + \theta_{2k} \end{cases}$$

$$t=1, 2, \cdots, T \qquad （公式 5.5）$$

其中，h_1、l_1、m_1、n_1 是模型参数，为扰动项，假设有下列这些性质的白噪声向量：

$$\begin{cases} E(\theta_k) = 0 \ , \forall k \\ VAR(\theta_k) = E(\theta_k \theta_k^{`}) = \sum , \ \forall k \\ E(\theta_k \theta_s^{`}) = 0 \ , \ \forall t \neq s \end{cases} \qquad （公式 5.6）$$

我们假设公式 5.5 和 5.6 都是从第 0 期进行，并且设 $Y_{k-1} = Y_{k-2} = Y_{k-1} = Y_{k-2} = 0$，假设扰动项 $\theta_{10} = 1$，而 $\theta_{20} = 0$，其余均为 0，也就是 $\theta_{1k} = \theta_{2k} = 0 (k = 1, 2, 3, \cdots)$ 这种形式我们称为第 0 期时给 Y 的脉冲反应。

下面我们将继续讨论 Y_k 和 Z_k 的脉冲响应。当 $k=0$ 时，得出：

$$Y_0 = 1 , \quad Z_0 = 0$$

把结果带入公式 5.5，当 $k=1$ 时，得出：

$$Y_1 = h_1 , \quad Z_1 = 0$$

再次把结果代入式 5.6，当 $k=2$ 时，得出：

$$Y_2 = h_1^2 + h_2 + l_1 m_1, \quad Z_2 = h_1 m_1 + m_2 + n_1 m_1$$

继续进行计算，假设得到的结果是：

$$Y_0, Y_1, Y_2, Y_3, Y_4, \cdots$$

我们把这种形式叫做 Y 的脉冲导致了 Z 的响应函数。并且得出：

$$Z_0, Z_1, Z_2, Z_3, Z_4, \cdots$$

同理，我们也可以进行计算 Z 的脉冲所导致的 Y 与 Z 的响应函数。由于分析的这些脉冲响应函数可以很好地观察到冲击产生的效果，所以在做冲击乘数分析时同样适用。

④ VAR 模型方差分解。脉冲响应函数主要讲的是在模型里给一个变量施加冲击后对其他变量产生的影响。而方差分解着重分析冲击能对内生变量产生多大的贡献度，然后进一步研究冲击的重要性程度。方差分解的主要思路为：

$$y_{ik} = \sum_{j=1}^{p} \left(h_{ij}^{0}\theta_{jk} + h_{ij}^{1}\theta_{jk-1} + h_{ij}^{2}\theta_{jk-2} + h_{ij}^{13}\theta_{jk-3} + \cdots \right) \qquad （公式 5.7）$$

从公式 5.7 中可知，各个括号里的内容代表的是第 j 个扰动项给 y_i 带来的总影响。为了进一步求方差，假设 θ_j 是无序相关，可得出：

$$E\left[\left(h_{ij}^{0}\theta_{jk} + h_{ij}^{1}\theta_{jk-1} + h_{ij}^{2}\theta_{jk-2} + h_{ij}^{13}\theta_{jk-3} + \cdots \right)^2 \right] = \sum_{s=0}^{\infty} \left(h_{ij}^{(s)} \right)^2 \delta_{jj} \qquad j=1, 2, 3, \cdots, k$$

$$（公式 5.8）$$

公式 5.8 就是把第 j 个扰动项给第 i 个变量带来的影响用方差进行表示。同时假设 θ_j 所对应的矩阵为对角矩阵，那么 y_i 的方差为：

$$\mathrm{VAR}y_i = \sum_{j=1}^{p} \left\{ \sum_{s=1}^{\infty} \left(h_{ij}^{(s)} \right)^2 \delta_{jj} \right\} \qquad i=1, 2, 3, \cdots, p \qquad （公式 5.9）$$

为了进一步测定各个扰动项到底能给对方差带来多大贡献，我们进行定义如下尺度：

$$\mathrm{RVC}_{j \to i}(\infty) = \frac{\sum\limits_{s=0}^{\infty} \left(h_{ij}^{(s)} \right)^2 \delta_{jj}}{\mathrm{VAR}(y_i)} = \frac{\sum\limits_{s=0}^{\infty} \left(h_{ij}^{(s)} \right)^2 \delta_{jj}}{\sum\limits_{j=1}^{p} \left\{ \sum\limits_{s=0}^{\infty} \left(h_{ij}^{(s)} \right)^2 \delta_{jj} \right\}} \qquad i, j=1, 2, 3, \cdots, \mathrm{p}$$

$$（公式 5.10）$$

所谓的相对方差贡献率就是根据第 j 个变量给 y_i 的方差带来的相对贡献度，来进一步研究第 j 个变量是怎样对第 i 个变量带来影响的。

在现实生活中，一般不会用 $t = \infty$ 的 $h_{ij}^{(s)}$ 项和做观察研究。如果模型能够通过平稳性检验，那么将伴随着 s 的增长而急速下降，这样我们只需要有限的项数就可以，模型有限项数的预测误差是

$$H_0\theta_k + H_1\theta_{k-1} + H_2\theta_{k-2} + \ldots + H_{t-1}\theta_{k-t+1}, \quad H_0 = I_p$$

我们可以得出相对方差贡献率（RVC）的近似值

$$RVC_{j\to i}(t) = \frac{\sum\limits_{s=0}^{t-1}\left(h_{ij}^{(s)}\right)^2\delta_{jj}}{\sum\limits_{j=1}^{p}\left\{\sum\limits_{s=0}^{t-1}\left(h_{ij}^{(s)}\right)^2\delta_{jj}\right\}} \qquad i,j=1,2,3,\cdots,p \quad （公式5.11）$$

对于 $RVC_{j\to i}(t)$ 拥有下列性质：

① $0 \leqslant RVC_{j\to i}t \leqslant 1 \qquad i,j=1,2,\cdots,p$

② $\sum\limits_{j=1}^{p}RVC_{j\to i}t = 1$

如果 $RVC_{j\to i}t$ 值比较大，那么第 j 个变量就会对第 i 个变量产生比较大的影响；同理，如果 $RVC_{j\to i}t$ 的值比较小，那么第 j 个变量就会给第 i 个变量产生较小的影响。

5.2.2 PCA 分析法和 VAR 模型的适用性分析

1. PCA 分析法的适用性分析

主成分分析法的关键即在于能够根据变量的相关性，将多个变量精简为少数几个典型变量，在保证降低计算复杂性的同时减少误差，降低损失。具体体现为：主成分分析法可通过线性代数的正交变换，把初始随机变量转变为另一个随机变量，即把初始随机变量转换为正交系统，通过使初始随机变量指向样本点最分散的正交方向，从而使指标进行降维。而衡量产业结构优化与区域现代物流业的综合评价指标自身均存在不同程度的复杂性，且选取的指标之间存在从属性、相关性及有无量纲的差异性。因此，选取主成分分析法对产业结构优化与区域现代物流业的发展水平进行评价，具有一定的科学性与适用性。

2. VAR 模型的适用性分析

VAR 模型是用模型中所有当期变量对所有变量的若干滞后变量进行回归，用来估计联合内生变量的动态关系。它通过把系统中每一个内生变量作为所有内生变量的滞后值的函数来构造模型，从而将单变量的自回归模型推广到由多元时间序列变量组成的向量自回归模型。常用于预测相互联系的时间序列系统及分析随机扰动对变量系统的动态影响，是处理多个相关经济指标的分析与预测最易操作的模型之一。VAR 模型既可以用于预测相互联系的事物之间的关系，也可以用于分析相互关联的事物间动态的关联性及系统的动态影响。因此，选择 VAR 模型对产业结构优化与现代物流业发展的互动关联进行研究具有一定的适用性。

5.2.3　评价指标体系构建

1. 评价体系构建原则

测度产业结构优化与现代物流业发展之间的相互作用关系，需要先分别对产业结构优化与物流业发展水平进行量化评价。而衡量产业结构优化与物流业发展水平的指标众多，基于两者的互动机理分析，并参照现有研究，本书拟构建产业结构优化的评价指标体系与现代物流业发展的评价体系逐一测度二者的发展水平。构建评价指标体系主要遵照以下原则。

（1）整体性原则。在指标的选取中，需从整体性的角度出发，考虑研究指标之间的内在联系。既要避免遗漏，又要保证不能重复。

（2）科学性原则。指标的选取严格按照官方统计的具备代表性和研究价值且有现实意义的真实数据作为数据源，并结合前文对产业结构优化和区域物流能力的概念分析及互动机理分析设计评价指标体系。

（3）可操作性原则。用于实证分析的数据由于受到数据缺失及统计口径不一等限制，很难确保其全面、科学。因此需保证所构建的评价指标体系既能兼顾科学性和可得性，又能最大程度地真实反映研究对象。

（4）逻辑性原则。为保证指标体系的逻辑性，体系设计遵照层层递进的方式进行分层。

2. 评价指标体系构建及解析

（1）产业结构优化综合评价指标体系的构建。结合湖南省新型城镇化以及两型社会建设的相关要求，我们在产业结构合理化与高度化两个维度的基础上，增添产业结构可持续化这一衡量指标，以便更加全面地衡量湖南省产业结构优化发展程度。结合产业结构优化的定义、构成要素及产业结构优化与区域物流能力的互动机理，基于前人研究[①]，将产业结构优化综合评价指标分为三级：第一级为需要实现的总目标，即湖南省产业结构优化发展水平；第二级指标按照产业结构的构成要素划分为合理化、高度化和可持续化三个方面；第三级指标分别从产业结构、产值情况及节能环保等方面选取出 12 项评价指标。下面将对需要用 Excel 做进一步处理的数据公式进行一一介绍。

①合理化指标。产业结构合理化即各产业在保持自身发展、保证基本产能的基础上还能实现不同产业间关联紧密、地位匹配和质量发展协调。为对其进行量化研究，这里选取了工业产业规模度、二元对比系数、非农就业人数的比重、结构偏离度等指标，具体计算公式如下：

$$结构偏离度 = 100 / \left(\sum_{k=1}^{n} \left| \frac{V_k / V}{I_k / I} - 1 \right| \right) \qquad （公式 5.12）$$

公式 5.12 中，k 代表三次产业的第 k 产业，V_k 代表第 k 产业的产值，V 代表整个区域的总产值；I_k 代表三次产业中第 k 产业的就业人数，I 代表整个区域的就业总人数。结构偏离度的评价标准为：结构偏离度的大小与产业结构的合理程度成正相关，偏离度越小，说明区域三次产业劳动力投入和三次产业相应产值越不协调，即产业结构越不合理。

$$工业产业规模度 = 规模以上工业企业工业增值 / 工业增加值 \qquad （公式 5.13）$$

$$二元对比系数 = \frac{\dfrac{V_1 / V}{I_1 / I}}{\dfrac{(V_2 + V_3) / V}{(I_2 + I_3) / I}} \qquad （公式 5.14）$$

如公式 5.14 所示，V 代表产值，I 代表就业人数。二元对比系数属于逆向指标，二元对比系数值越大，产业结构的合理程度越高，反之则产业结构不合理。

① 王汉宸. 新型城镇化背景下山西省产业结构优化与区域物流能力互动关系研究 [D]. 山西：太原理工大学，2015；彭永樟. 我国城镇化建设与产业结构升级协同发展的机制研究 [D]. 南昌：江西财经大学，2015；邹筱，李玉琴，阳大发. 湖南省产业结构优化与区域物流能力互动综合评价 [J]. 数学的实践与认识，2017, 47(22): 291-299；黄海标，李军. 产业结构优化升级评价指标 体系构建 [J]. 商业经济研究，2008(3): 81-82.

$$非农就业人数占比 = (I_2 + I_3) / I \qquad （公式 5.15）$$

公式 5.15 中，I_2、I_3、I 分别为第二产业就业人数、第三产业就业人数与整个区域就业总人数。非农就业人数比重是一项反映区域产业结构合理程度和调整效果的指标。

②高度化指标。为体现产值结构、就业结构的演变过程，也为了度量产业结构高度化发展水平，这里选取了第二产业 /GDP、第三产业 /GDP、霍夫曼比例系数等指标。

$$霍夫曼比例系数 = \frac{轻工业增加值}{重工业增加值} \qquad （公式 5.16）$$

该比例系数是依据著名的霍夫曼定律演变的一个指标，主要用于评价产业结构高级化水平。兼顾评价指标数据的可得性及评价效果，这里将以往计算方法中消费资料工业增加值与生产资料工业增加值替换为轻重工业增加值。

③可持续化指标。产业结构可持续化作为合理化和高度化的一种补充，主要针对环境保护、资源利用、循环再生等可持续发展问题。经济的高速发展对产业结构升级过程中区域产业的低碳化、绿色化发展提出了更高要求，产业结构的可持续化发展已成必然趋势，其指标的选取需兼顾环保和效率。这里设置了高新技术产业产值占第二产业产值比重，单位工业增加值废水排放量及环保投入比重、固体废弃物综合利用率等指标衡量产业结构可持续化发展。

$$环保投入比重 = \frac{环保财政支出}{财政总支出} \qquad （公式 5.17）$$

环保投入比重用财政支出中环保经费投入所占比例来衡量区域产业结构的可持续化发展水平。

$$单位工业增加值废水排放量 = \frac{废水排放总量}{总工业增加值} \qquad （公式 5.18）$$

单位工业增加值废水排放量用来衡量每一单位废水产生的工业增加值，以此反映产业结构的可持续化发展程度。

根据以上指标，构建如表 5-6 所示的产业结构优化综合评价指标体系。

表5-6 产业结构优化综合评价指标体系

目标层	一级指标	划分依据	二级指标	单位	符号
产业结构优化综合评价指标	合理化指标	产值结构	结构偏离度	%	Q_{11}
			二元对比系数	%	Q_{12}
			工业产业规模度	%	Q_{13}
		就业结构	非农就业人数比重	%	Q_{14}
	高度化指标	产值结构	霍夫曼比例系数	%	Q_{21}
			第三产业产值/GDP	%	Q_{22}
			第二产业产值/GDP	%	Q_{23}
		科技进步	R&D 经费投入	亿元	Q_{24}
	可持续化指标	产值结构	高新技术产业产值/第二产业产值	%	Q_{31}
		产业效率	单位工业增加值废水排放量	吨万元	Q_{32}
		节能环保	环保投入比重	%	Q_{33}
			固体废弃物综合利用率	%	Q_{34}

（2）现代物流业发展综合评价指标体系。基于产业结构优化与现代物流业互动发展理论模型，将现代物流业发展水平的综合评价指标同样细分为三级：最终评价目标为第一级；第二级评价指标由区域物流能力的三个构成要素组成；依据现有研究[1]，将第二级评价指标再细分为14项小指标，组成第三级评价指标。指标内容涵盖路网建设、物流的社会需求、产业规模等方面。下面对需要进行数据加工的相关指标的公式进行详细介绍。

①物流运作基础条件支撑能力指标。根据目前的研究状况来看，我国物流业的相关研究一般把交通运输、仓储和邮政业作为主要研究对象，用来衡量

---

[1] 王汉宸. 新型城镇化背景下山西省产业结构优化与区域物流能力互动关系研究 [D]. 山西：太原理工大学，2015；邹筱，李玉琴，阳大发. 湖南省产业结构优化与区域物流能力互动综合评价 [J]. 数学的实践与认识，2017, 47(22): 291-299；李广析，汤洪波，章国华. 基于主成分分析法的区域产业结构优化效率评价 [J]. 科技管理研究，2013(19): 46-50；王小丽. 河南省区域物流能力评价及实证研究 [J]. 物流技术，2013, 32(2): 12-14；王小丽. 基于主成分分析的城市物流能力测度实证研究 [J]. 物流技术，2013, 32(5): 284-286.

整个物流业的发展情况。基于此，我们设置了物流基础设施和社会需求两大指标，用物流网络建设情况衡量物流基础设施的建设水平，通过货物周转量和邮政业务总量等指标衡量物流的社会需求状况。

②物流经营主体运营能力指标。物流行业的经营主体主要涵盖了物流企业、物流业相关从业人员及管理部门等成员。本书将物流业的从业人员数量、物流业的经济贡献率与货车数量作为衡量物流产业规模状况指标，将物流业的增加值作为衡量物流业产值状况指标。计算公式为：

$$物流业经济贡献率 = \frac{物流业产值}{区域总产值} \qquad （公式 5.19）$$

物流业经济贡献率反映物流业拉动本区域总产值的程度。

③物流环境保障能力指标。物流业发展所需环境系统包括人才支撑力度、经济环境及信息化发展程度等方面。本书采用大专及以上学历人数占总人数的比重衡量人才支撑水平，选取社会消费品零售总额衡量经济发展环境，通过电话普及率及互联网用户数衡量信息化水平。为衡量政府政策对物流行业发展的支持程度，这里选取了固定资产总投资中物流业固定资产投资占比来表示政策环境对现代物流业健康发展的支持程度，计算公式为：

$$物流业固定资产投资占比 = \frac{物流业固定资产投资额}{区域固定资产投资总额}（公式 5.20）$$

综上所述，本书构建如表 5-7 所示的现代物流业发展水平综合评价指标体系。

表 5-7　现代物流业发展水平综合评价指标体系

目标层	一级指标	划分依据	二级指标	单位	符号
物流业发展综合评价指标	基础条件支撑能力指标	路网建设	公路里程	公里	P_{11}
			铁路营业里程	公里	P_{12}
		物流需求	货物周转量	亿吨	P_{13}
			邮政业务总量	亿元	P_{14}
			仓储固定资产投资	亿元	P_{15}

续　表

目标层	一级指标	划分依据	二级指标	单位	符号
物流业发展综合评价指标	经营主体运营能力指标	产业规模	物流业经济贡献率	%	P_{21}
			物流业从业人员数量	万人	P_{22}
			载货车数量	万辆	P_{23}
		产值状况	物流业增加值	亿元	P_{24}
	物流环境保障能力指标	信息化水平	电话普及率	部/百人	P_{31}
			互联网用户数	万户	P_{32}
		政策支持	物流业固定资产投资占比	%	P_{33}
		经济环境	社会消费品零售总额	亿元	P_{34}
		人才输送潜力	大专及以上学历占总人口比例	%	P_{35}

5.2.4　湖南省产业结构优化与现代物流业发展水平测度

1. 数据来源

结合湖南省新型城镇化以及两型社会的发展现状，考虑到数据来源与获取的局限性，这里选取了湖南省自2001年以来近16年的发展数据作为研究对象，数据选取的来源主要有：《中国统计年鉴（2002—2017）》《湖南省统计年鉴（2002—2017）》、湖南省统计局网站、其他统计网站、统计公报及其他统计资料。

2. 数据处理

由于数据获取受限，且在主要的产业部门中交通运输、仓储及邮政业与物流业的关联性最大，因此我们在物流业相关数据不足的情况下，选取交通运输、仓储及邮政业用于衡量整个物流业的发展。对需要进行加工才能使用的数据，参考前文公式，运用Excel2010对数据进行运算处理。为避免数据度量单位不同而造成计算偏差，这里采用正交变换来对数据进行标准化处理。

3. 湖南省产业结构优化与现代物流业发展水平测度

根据主成分分析法运算步骤，基于产业结构优化综合评价指标体系，这里采用SPSS21.0（中文版）统计软件对湖南省16年来的产业结构优化与现代物流业发展水平进行测度。

（1）湖南省产业结构优化水平测度。

① 数据的标准化处理。根据主成分分析方法步骤，运用 SPSS21.0 统计软件对湖南省产业结构优化评价指标相关原始数据进行正交变换，得到标准化处理后的结果如表 5-8 所示。

表 5-8　湖南省产业结构优化数据标准化处理结果

年　份	Q_{11}	Q_{12}	Q_{13}	Q_{14}	Q_{21}	Q_{22}	Q_{23}	Q_{24}	Q_{31}	Q_{32}	Q_{33}	Q_{34}
2001	−2.083	−0.951	−1.861	−2.087	1.927	−0.303	−1.558	−1.013	−1.204	1.774	−1.250	−1.409
2002	−1.824	−0.963	−1.602	−1.769	1.821	−0.066	−1.603	−1.006	−1.083	1.696	−1.256	−0.808
2003	−1.061	−0.359	−1.368	−1.291	0.362	0.508	−1.224	−0.922	−0.835	1.546	−1.236	−0.880
2004	2.036	2.431	−0.899	−0.796	0.097	−3.038	−1.047	−0.880	−0.767	1.013	−1.235	−0.358
2005	−0.451	−0.254	−0.529	−0.492	−0.018	1.016	−0.843	−0.869	−0.710	0.662	−1.136	0.184
2006	−0.054	0.277	−0.359	−0.141	−0.356	0.441	−0.362	−0.751	−0.691	0.063	−1.198	0.533
2007	0.640	1.261	0.039	0.159	−0.854	−0.022	−0.183	−0.619	−0.490	−0.174	0.315	0.844
2008	0.610	1.045	0.213	0.318	−0.906	−0.201	0.178	−0.447	−0.436	−0.430	0.477	1.532
2009	−0.217	0.628	0.289	0.495	−0.788	1.082	0.185	−0.211	−0.222	−0.475	1.191	1.214
2010	0.567	0.376	0.617	0.595	−1.155	−0.332	0.770	−0.132	−0.022	−0.628	1.213	1.869
2011	0.593	0.258	0.820	0.682	−1.361	−0.799	1.242	0.377	0.374	−0.729	0.521	−0.396
2012	0.396	0.058	0.605	0.756	−0.426	−0.568	1.197	0.749	0.497	−0.773	0.698	−0.947
2013	0.212	−0.716	0.712	0.844	−0.524	0.078	1.067	1.003	0.717	−0.817	0.757	−0.704
2014	0.112	−0.985	0.822	0.878	0.472	0.504	0.869	1.252	0.986	−0.867	0.757	−0.877
2015	0.214	−1.016	1.155	0.908	0.533	1.166	0.388	1.532	1.620	−0.887	0.654	−0.524
2016	0.310	−1.088	1.348	0.939	1.176	0.536	0.923	1.937	2.265	−0.974	0.727	0.726

② KMO 和 Bartlett 检验。对原始数据标准化处理结果进行巴特利特球形度检验（以下简称 Bartlett 检验）和 KMO 检验，结果如表 5-9 所示。Bartlett 检验的原假设是相关系数矩阵为单位矩阵，而根据表中 Bartlett 检验的 P 值为 0.000，小于 1% 显著水平下的统计值，因此拒绝原假设，原有变量可以运用主

成分分析法进行分析。KMO 检验一般用于对简单相关系数和偏相关系数进行比较分析，取值范围为 0 ~ 1。取值越接近于 1 说明变量间的相关性越强，原变量越适合做主成分分析。表中 KMO=0.625，说明原变量适合做主成分分析。

表 5-9　KMO 和 Bartlett 的检验

取样足够度的 Kaiser-Meyer-Olkin 度量		0.625
Bartlett 的球形度检验	近似卡方	348.972
	df	66
	Sig.	0.000

③主成分的提取。通过 SPSS21.0 统计软件计算出相关系数矩阵的特征值、贡献率及累计贡献率如表 5-10 所示。

表 5-10　主成分及特征值

成　分	初始特征值			提取平方和载入		
	合　计	贡献率 %	累积贡献率 %	合　计	贡献率 %	累积贡献率 %
1	6.934	57.783	57.783	6.934	57.783	57.783
2	2.917	24.311	82.093	2.917	24.311	82.093
3	1.238	10.315	92.409	1.238	10.315	92.409
4	0.462	3.849	96.258			
5	0.268	2.231	98.489			
6	0.112	0.931	99.419			
7	0.039	0.324	99.743			
8	0.019	0.156	99.899			
9	0.008	0.066	99.965			
10	0.003	0.025	99.990			
11	0.001	0.008	99.998			

续 表

成 分	初始特征值			提取平方和载入		
	合 计	贡献率 %	累积贡献率 %	合 计	贡献率 %	累积贡献率 %
12	0.000	0.002	100.000			

从表 5-10 可以看出，矩阵的特征值 λ_1、λ_2、λss_3 分别为 6.934、2.917、1.238，第一个主成分的贡献率达到了 57.783%，第一、二、三主成分的累计贡献率达到了 92.409%，说明前三个主成分足以代表湖南省产业结构优化的发展情况，因此，这里采用前三个主成分对湖南省产业结构优化水平进行分析。

④ 主成分旋转的因子载荷矩阵。根据前文分析所得到的特征值与特征向量，通过 SPSS21.0 软件进行运算，得到各指标在主成分上的载荷如表 5-11 所示。

表 5-11 旋转的因子载荷矩阵

湖南省产业结构优化指标	成 分		
	1	2	3
Q_{13}	0.963	0.251	0.005
Q_{24}	0.954	−0.247	0.125
Q_{31}	0.942	−0.188	0.121
Q_{23}	0.933	0.223	−0.066
Q_{32}	−0.931	−0.339	0.006
Q_{14}	0.929	0.347	−0.044
Q_{33}	0.837	0.371	0.078
Q_{34}	0.119	0.887	0.034
Q_{21}	−0.309	−0.791	0.328
Q_{22}	0.199	0.149	0.928
Q_{12}	−0.239	0.565	−0.762
Q_{11}	0.498	0.367	−0.738

由表 5-11 可知，12 项指标中的 7 项在第一主成分上均有很高的载荷。根据相关系数矩阵，该 7 项指标间存在较强的正相关关系，说明湖南省产业结构的合理化、产业结构的高度化及产业结构的可持续化之间的整体协调度比较高，上述 7 项指标在很大程度上能够促进湖南省产业结构优化发展。Q_{21}（霍夫曼比例系数）和 Q_{12}（二元对比系数）与第一主成分呈负相关，Q_{21} 和 Q_{12} 这两项指标与产业结构优化呈反向关系相吻合。Q_{32}（单位工业增加值废水排放量）与第一主成分呈负相关关系，表明该指标对湖南省产业结构的可持续发展存在一定的阻碍作用，后期发展中应引起重视；Q_{24}（R&D 经费投入）、Q_{31}（高新技术产业产值占第二产业产值比重）与第二主成分呈负相关关系，说明湖南省研究与发展经费投入及高新技术产业的发展对产业结构高度化发展作用十分有限，甚至会成为湖南省产业结构升级的制约因素；而 Q_{11}（结构偏离度）与第三主成分呈负相关关系，说明湖南省区域三次产业产值与劳动力投入的协调度在某种程度上会成为湖南省产业结构合理化发展过程中的阻碍因素，在产业结构优化中应持续关注。

⑤综合得分。通过相关系数矩阵的特征值及 SPSS21.0（中文版）统计软件计算三个主成分的得分，分别为 L_{11}、L_{12}、L_{13}。在此基础上根据每个主成分的贡献率计算湖南省产业结构优化各主成分得分的综合得分 L_1，如表 5-12 所示，其中 $L_1 = [\lambda_1/(\lambda_1 + \lambda_2 + \lambda_3)] \times L_{11} + [\lambda_2/(\lambda_1 + \lambda_2 + \lambda_3)] \times L_{12} + [\lambda_3/(\lambda_1 + \lambda_2 + \lambda_3)] \times L_{13}$。

表 5-12　产业结构优化主成分得分及综合得分

年　份	L_{11} 得分	L_{12} 得分	L_{13} 得分	综合得分（L_1）
2001	-4.957	1.774	-0.366	-2.674
2002	-4.500	1.578	0.046	-2.393
2003	-3.416	0.688	0.355	-1.916
2004	-2.201	-3.624	-2.682	-2.629
2005	-1.823	0.176	1.153	-0.965
2006	-1.041	-0.688	0.864	-0.736

续　表

年　份	L_{11} 得分	L_{12} 得分	L_{13} 得分	综合得分（L_1）
2007	0.269	−1.865	0.703	−0.244
2008	0.841	−1.953	0.964	0.120
2009	1.183	−0.657	1.842	0.772
2010	1.959	−1.586	1.086	0.929
2011	2.008	−0.846	−0.755	0.949
2012	1.870	0.090	−1.156	1.064
2013	2.154	0.854	−0.573	1.507
2014	2.097	1.786	−0.698	1.703
2015	2.433	2.167	−0.320	2.055
2016	3.125	2.106	−0.463	2.456

（2）现代物流发展水平测度。

① 数据的标准化处理。运用 SPSS21.0 统计软件对湖南省现代物流发展水平评价指标体系数据进行正交变换得到标准化处理后的结果，如表 5-13 所示。

表 5-13　湖南省现代物流业发展原始数据标准化处理结果

时　间	P_{11}	P_{12}	P_{13}	P_{14}	P_{15}	P_{21}	P_{22}	P_{23}	P_{24}	P_{31}	P_{32}	P_{33}	P_{34}	P_{35}
2001	−1.586	−0.765	−1.307	−0.799	−0.828	1.442	−1.780	−1.093	−1.157	−1.744	−1.094	2.502	−1.069	−1.578
2002	−1.316	−0.855	−1.216	−0.740	−0.889	1.466	−1.662	−0.960	−1.099	−1.343	−0.630	1.693	−1.026	−1.466
2003	−1.310	−0.934	−1.088	−0.711	−0.890	1.741	−1.169	−0.910	−1.029	−1.057	−0.731	0.884	−0.979	−1.208
2004	−1.271	−0.931	−0.912	−0.770	−0.942	1.591	−1.158	−0.780	−0.935	−0.913	−0.473	0.076	−0.912	−1.057
2005	−1.266	−0.892	−0.837	−0.680	−0.872	0.166	−0.719	−0.876	−0.910	−0.712	−1.016	−0.733	−0.834	−0.686
2006	−0.025	−0.887	−0.735	−0.562	−0.702	−0.004	−0.388	−0.785	−0.817	−0.654	−0.800	−0.242	−0.734	−0.322
2007	0.027	−0.896	−0.564	−0.431	−0.513	−0.173	0.329	−0.640	−0.652	−0.282	−0.729	−0.033	−0.595	−0.116
2008	0.163	−0.902	−0.258	−0.345	−0.266	−0.258	0.794	−0.428	−0.344	−0.110	−0.705	0.161	−0.392	0.191

续 表

时 间	P_{11}	P_{12}	P_{13}	P_{14}	P_{15}	P_{21}	P_{22}	P_{23}	P_{24}	P_{31}	P_{32}	P_{33}	P_{34}	P_{35}
2009	0.265	0.338	-0.118	-0.205	0.056	-0.261	0.648	-0.080	-0.058	0.103	-0.423	0.420	-0.210	0.268
2010	0.807	0.340	0.223	-0.404	0.108	-0.428	0.738	0.354	0.240	0.488	-0.132	0.055	0.045	0.396
2011	0.869	0.338	0.600	-0.195	-0.005	-0.767	0.912	-0.453	0.542	0.431	0.259	-0.237	0.362	0.459
2012	0.897	0.520	1.118	0.068	0.207	-0.682	1.152	0.958	0.819	1.004	0.660	-0.650	0.642	0.647
2013	0.917	0.800	1.352	0.396	0.341	-0.767	0.632	1.140	1.062	1.148	0.997	-0.891	0.943	0.559
2014	0.930	1.496	1.262	0.989	0.910	-0.852	-0.020	1.458	1.294	1.230	1.089	-0.983	1.249	0.572
2015	0.939	1.481	1.285	1.639	1.942	-1.022	0.869	1.518	1.421	1.193	1.613	-1.021	1.578	1.467
2016	0.960	1.750	1.195	2.750	2.341	-1.192	0.823	1.577	1.623	1.217	2.113	-1.002	1.934	1.874

② KMO 和 Bartlett 检验。为判断物流业发展水平评价指标系统数据是否适用于因子分析，这里对标准化处理后的结果进行了巴特利特球形度检验（Bartlett 检验）和 KMO 检验（见表 5-14），Bartlett 检验的观测值为 509.154，相应概率 P 值接近于 0，小于 1% 的显著水平，因此，相关系数是单位矩阵的原始假设被拒绝，即相关系数矩阵和单位矩阵之间存在着差异。KMO 的值为 0.643，根据 KMO 度量标准可知原变量适用于主成分分析。

表 5-14　KMO 和 Bartlett 的检验

取样足够度的 Kaiser-Meyer-Olkin 度量		0.643
Bartlett 的球形度检验	近似卡方	509.154
	df	91
	Sig.	0.000

③ 主成分的提取。提取衡量湖南省现代物流业发展水平的指标的主成分如表 5-15 所示。相关系数矩阵的特征值为 $\lambda_1=12.038$，$\lambda_2=1.062$。其中，第一主成分的贡献率为 85.983%，前 2 个主成分的累计贡献率已经达到了 93.568%，根据主成分分析法相关准则，可选取第一、第二主成分来分析湖南省现代物流业发展水平。

表 5-15　主成分及特征值

成　分	初始特征值			提取平方和载入		
	合　计	贡献率 %	累积贡献率 %	合　计	贡献率 %	累积贡献率 %
1	12.038	85.983	85.983	12.038	85.983	85.983
2	1.062	7.585	93.568	1.062	7.585	93.568
3	0.380	2.715	96.284			
4	0.289	2.063	98.347			
5	0.090	0.639	98.986			
6	0.054	0.389	99.375			
7	0.038	0.269	99.644			
8	0.032	0.232	99.875			
9	0.008	0.058	99.933			
10	0.006	0.041	99.975			
11	0.003	0.019	99.993			
12	0.001	0.005	99.999			
13	0.000	0.001	100.000			
14	0.000	0.000	100.000			

④主成分旋转的因子载荷矩阵。各指标在主成分中的载荷如表 5-16 所示。表中共有 14 项指标，其中有 6 项在第一主成分上具有很高载荷，P_{24}、P_{13}、P_{11} 和 P_{31} 等指标具有相对较高的载荷。从相关系数矩阵可看出，10 项指标之间均表现出较强的正相关关系，说明各构成要素之间能够相互促进，协调发展，共同致力于湖南省物流业的提升。而第一主成分与 P_{21}（物流业经济贡献率）、P_{33}（物流业固定资产投资占比）之间均呈负相关关系，这说明湖南省物流业发展较为缓慢，整体水平不高，对湖南省区域经济发展的贡献程度有限；此外，由于物流业固定资产投资比例不合理，致使这两项指标并没有对湖南省现代物流业的发展提升起到正向作用，甚至可能成为湖南省转型升级过程中的障碍因素，因此需要在未来的发展中进行重点关注。P_{22}（物流业从业人员数量）与

P_{11}（路网建设）在第二主成分上具有很高载荷，且和第二主成分呈正相关关系，说明这两项指标对湖南省现代物流业的发展具有很强的促进作用，后续发展中需继续保持。

表 5-16　旋转的因子载荷矩阵

湖南省现代物流业路网建设	成　分	
	1	2
P_{14}	0.911	0.303
P_{32}	0.903	0.394
P_{15}	0.881	0.413
P_{12}	0.868	0.440
P_{34}	0.845	0.530
P_{23}	0.828	0.505
P_{24}	0.789	0.600
P_{13}	0.696	0.681
P_{22}	0.265	0.929
P_{21}	−0.446	−0.859
P_{11}	0.471	0.847
P_{31}	0.631	0.761
P_{33}	−0.385	−0.747
P_{35}	0.632	0.746

⑤综合得分。根据各主成分的贡献率及其特征值，通过 SPSS21.0 统计软件计算湖南省区域物流能力各主成分得分 L_{21}、L_{22} 及其综合得分 L_2 如表 5-17 所示，其中 $L_2 = [\lambda_1 / (\lambda_1 + \lambda_2)] \times L_{21} + [\lambda_2 / (\lambda_1 + \lambda_2)] \times L_{22}$。

表 5-17　湖南省现代物流业发展主成分得分及综合得分

年　份	L_{21} 得分	L_{22} 得分	综合得分（L_2）
2001	−4.940	1.550	−4.414
2002	−4.330	1.269	−3.876
2003	−3.907	0.784	−3.526
2004	−3.416	0.523	−3.097
2005	−2.666	−0.582	−2.497
2006	−1.966	−0.898	−1.879
2007	−1.348	−1.170	−1.334
2008	−0.708	−1.287	−0.755
2009	0.109	−0.571	0.054
2010	0.959	−0.853	0.813
2011	1.359	−1.067	1.163
2012	2.681	−0.772	2.401
2013	3.212	−0.203	2.935
2014	3.863	0.755	3.611
2015	5.098	0.890	4.757
2016	5.999	1.633	5.645

5.2.5　湖南省产业结构优化与区域现代物流发展水平互动关系测度

1. 单位根检验

为避免"伪回归"现象的出现，这里采用 ADF 检验（单位根检验）来检验时间序列的平稳性，在此借助 Eviews7.2 软件对初始时间序列和进行一阶差分处理之后的序列分别进行 ADF 检验，检验结果如表 5-18 所示。

表 5-18　ADF 检验结果

变量名	检验类型 (c, t, k)	ADF 检验值	临界值(1%显著水平)	临界值(5%显著水平)	临界值(10%显著水平)	检验结果
CYJG	$(c, t, 0)$	−2.770155	−4.728363	−3.759743	−3.324976	不平稳
DCYJG	$(c, t, 0)$	−5.939224	−4.800080	−3.791172	−3.342253	平稳
QYWL	$c, t, 3$	−1.959482	−4.992279	−3.875302	−3.388330	不平稳
DQYWL	$(c, t, 2)$	−4.999679	−4.992279	−3.875302	−3.388330	平稳

注：表中 (c, t, k) 中 c、t、k 分别代表单位根检验方程中的常数项、时间趋势项和滞后阶数。

这里用 CYJG 表示产业结构优化综合得分 L_1，用 QYWL 表示现代物流业发展综合得分 L_2。检验结果显示，产业结构优化综合得分序列（CYJG）在 0.01、0.05 和 0.1 的显著水平下均接受原假设，即 CYJG 序列不稳定，存在单位根。而一阶差分后的序列 DCYJG 在 0.01 的显著水平下即拒绝原假设，说明 DCYJG 序列是平稳序列。同理物流业发展综合得分序列（QYWL）在三种显著水平下均接受原序列存在单位根的原假设。而一阶差分后的序列 DQYWL 无论在何种显著性水平下均拒绝原假设，说明 DQYWL 序列是稳定的。即 CYJG 序列和 QYWL 序列服从一阶单整 I（1），符合协整检验的基本要求。故而参照 VAR 模型研究的一般准则，对湖南省产业结构优化与现代物流业的互动关系进行实证分析。首先确定模型最佳滞后期，再进行协整检验，然后在建立 VAR 模型的基础上进行脉冲响应函数分析，最后借助误差修正模型（ECM）分析两变量的短期关系。

2.滞后阶数的确定

变量均为 I（1），因此可通过 Eviews7.2 软件构建 VAR 模型，并确定其最佳滞后阶数。由于所选样本量不多，根据研究经验，同时考虑模型的动态特征，模型的滞后阶数不会超过 3，因此选择 3 为滞后长度标准。根据最优滞后阶数判断标准，标记 * 最多的即为最优滞后阶数，如表 5-19 所示，第 3 期相关指标标记 * 最多，故模型的最佳滞后期为 3。

表 5-19　最佳滞后期

Lag	LogL	LR	FPE	AIC	SC	HQ
0	−6.524776	NA*	0.014205	1.420796	1.501614	1.390874
1	−3.156971	5.051707	0.016116	1.526162	1.768615	1.436397
2	1.144625	5.018529	0.016707	1.475896	1.879985	1.326288
3	8.395541	6.042430	0.012216*	0.934077*	1.499801*	0.724625*

注：表格中带星号的表示按条件选择的延迟顺序。

3. 协整检验

根据 ADF 检验结果可知，CYJG 和 QYWL 两序列服从一阶单整 I（1），因此两变量之间可能存在协整关系，这里采用 E-G 两步法对两变量进行检验，运用 OLS 方法估计两变量的线性方程为：

$$CYJG = 0.515\,643\,808\,438 \times QYWL \qquad （方程 5.21）$$
$$（13.002\,01）$$

方程 5.21 的 $R^2 = 0.923\,519$，F 值为 169.052 2，P 值为 0.000 000，所有变量均通过了显著性检验。由此可知，QYWL 与 CYJG 的线性方程可信度较高。与此同时，为了确定两个变量之间是否具有长期的协整关系，需要检验上述模型残差 e 的稳定性，检验所得结果如表 5-20 所示：

表 5-20　残差 e 的平稳性检验

变量名	检验类型 (c, t, k)	ADF 检验值	临界值（1% 显著水平）	临界值（5% 显著水平）	临界值（10% 显著水平）	检验结果
e	(0, 0, 0)	−2.218255	−2.728252	−1.966270	−1.605026	平稳

从检验结果来看，残差 e 在 0.05 的显著水平下保持平稳。这表明 CYJG 与 QYWL 这两个变量之间存在长期的均衡关系，而 OLS 估计的 CYJG 和 QYWL 的模型可量化反映出两者的长期均衡关系。具体体现为湖南省物流业发展水平每提升 1%，产业结构优化水平会随之提高 0.52%。

4.脉冲响应函数与方差分解分析

进行分析之前，首先需要建立 VAR(3) 模型，方程是否具有特征根决定了 VAR(3) 模型的稳定性，最终运算结果如图 5-2 所示，从图中可看出，基本上全部的特征根都位于单位圆内，可以很直观地看出所有的特征值均小于 1，因此，构建的 VAR 模型的稳定性比较好，据此可以得到可信度较高的分析结果。下面将继续进行详细分析。

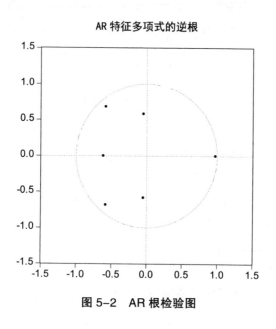

图 5-2　AR 根检验图

① 脉冲响应函数分析。要关注一个变量对另一个变量的影响的全过程，则需要通过脉冲响应函数图来分析，它可以较全面地反映变量间的动态关系。脉冲响应函数研究的主要内容为：将一个标准差大小的冲击加在随机扰动项上，分析其对内生变量当前和未来值所产生的影响。由于 VAR 模型结构的特殊性，因此对某个变量添加一个冲击作用，在对自身产生影响的同时，还能将影响传递给其他内生变量，可以比较直观地反映变量间的动态交互作用。

对 DCYJG 和 DQYWL 进行脉冲响应函数分析。脉冲响应结果如图 5-3 所示，横坐标轴表示对冲击作用产生响应的周期数，纵坐标轴表示该变量受冲击作用后产生变化的程度。图 5-3-1 表示产业结构优化对自身一个标准差冲击产生的反应，图 5-3-2 表示产业结构优化对于区域物流能力的一个标准差冲击的响应，图 5-3-3 表示区域物流能力对产业结构优化的一个标准差冲击的响应，图 5-3-4 表示区域物流能力对自身的一个标准差冲击的响应。

从图 5-3-1 可以看出，产业结构优化对于自身的一个标准差冲击立即有了响应，且初始响应为正值，但到第 2 期时达到负值最低点，到第 4 期时稳定在 0 附近并开始收敛于 0。说明产业结构对自身的增强作用持续时间较短，且可能因为受到创新驱动力不足、产业内部结构性矛盾、产业发展间联系不紧密等因素的制约而发展缓慢，甚至产生滞后。图 5-3-2 显示，产业结构优化受到物流业发展的一个标准差的冲击后，第一期显示为 0，此后便开始出现微弱的正向冲击效应，

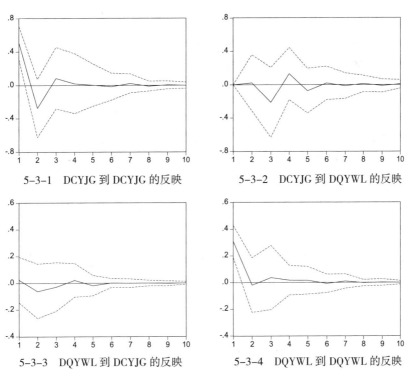

对 Cholesky One S.D. 创新驱动力的反映 +-2S.E.

5-3-1　DCYJG 到 DCYJG 的反映　　　5-3-2　DCYJG 到 DQYWL 的反映

5-3-3　DQYWL 到 DCYJG 的反映　　　5-3-4　DQYWL 到 DQYWL 的反映

图 5-3　脉冲响应图

但从第 2 期开始出现负向影响，一直持续到第 3 期后才开始转变为正向影响，

到第 4 期达到最大值 0.13，在接下来的一期变为负向影响，从第 5 期开始又逐渐出现正向作用，直到第 6 期才开始稳定在 0 附近上下波动。说明湖南省物流业发展水平对产业结构优化的促进作用具有持续性，但这种促进作用存在时间上的滞后，滞后期大约为 1 年。从图 5-3-3 可以看出，物流业发展在受到产业结构优化的一个标准差冲击后立即有了响应，且为正值，此后便开始逐渐呈现负向冲击响应，第 2 期达到负值最低值 -0.06，接着便开始出现正向影响，第 4 期时达到正值 0.02，紧接着又开始出现负向影响，直到第 6 期收敛于 0。说明产业结构优化对促进物流业发展水平的提升能产生持续的正向冲击作用，但正向驱动作用相对较弱，表明湖南省产业结构优化仍存在一些问题，对湖南省物流业发展的驱动作用相对而言较为微弱。从图 5-3-4 可以看出，物流业发展在受到自身的一个标准差的冲击后，便立即有了响应，且达到最大值 0.3，此后便逐渐出现负向影响，到第 2 期达到负值最小 -0.019，接下来的一期开始出现正向影响，此后便一直稳定在 0.15 左右，直到第 5 期开始稳定在 0 附近上下波动。说明湖南省物流业自身的增强作用较大且持续时间长，但由于湖南省物流业的结构体系还不完善，信息化水平较低，发展方式还比较粗放，在一定程度上仍会阻碍自身发展。

研究表明，湖南省物流业的发展对产业结构优化提升具有正向冲击作用，但这种促进作用具有时间上的滞后性，需要达到一定量变后才能引起质变。而湖南省产业结构优化也能对物流业发展产生正向冲击影响，但这种影响程度比较弱。

② 方差分解分析。方差分解的主要目的在于了解系统中各信息对 VAR 模型内生变量的相对重要性。如图 5-4 所示，对 DCYJG 与 DQYWL 进行方差分解分析，不考虑产业结构优化自身的贡献率，图 5-4-1 中湖南省物流业发展对产业结构优化的贡献率随着时间的推移呈上升趋势，3 到 5 期和 6 到 8 期出现停滞，最终稳定在 47% 左右，说明物流业的发展对于产业结构优化的促进作用在长期内持续且显著，与脉冲响应函数分析结果一致。

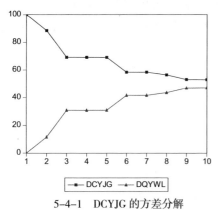

5-4-1　DCYJG 的方差分解

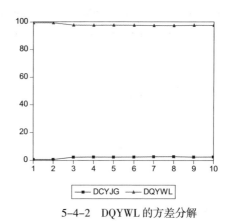

5-4-2　DQYWL 的方差分解

图 5-4　方差分解结果

如图 5-4-2，不考虑物流业发展自身的贡献率，产业结构优化对物流业发展的贡献率总体表现较低，但稳定持续，从第 4 期开始便保持在 2.3% 左右，说明湖南省产业结构优化对促进物流业发展的贡献度较小，与脉冲响应函数分析结果基本一致。综上所述，湖南省物流业的发展与产业结构优化之间具有相互作用，并且产业结构优化对物流业发展的影响力度较物流业对产业结构优化的影响要小。

5. 误差修正模型

上文对产业结构优化与现代物流业发展长期均衡关系进行了研究，为进一步分析产业结构优化与区域物流能力的短期效应，这里构建了 CYJG 与 QYWL 的误差修正模型（ECM）：

DCYJG=1.722 0−0.609 6×E（−1）−0.226 0×DQYWL−0.632 0×DQYWL（−1）−0.784 8×DQYWL（−2）−0.227 7×DQYWL（−3）　　　　（模型 5.22）

其中，误差修正项为：

$$ECM_{t-1}=CYJG（-1）-0.515 6QYWL（-1）　　　　（模型 5.23）$$

模型（5.22）的拟合优度为 0.842 3，表明模型的可信度较高。DW=1.855 0，不存在自相关。模型的各变量基本通过显著性检验，与前文所得两者的协整关系大致相同。ECM_{t-1} 的系数表示在短期波动中，当 CYJG 和 QYWL 偏离长期均衡关系时，对该偏离状况的调整程度。在模型（5.22）中，ECM_{t-1} 的系数为 −0.609 6，在 1% 的水平下显著。因此，当变量 CYJG 和 QYWL 在短期内产生波动而偏离长期均衡时，即短期内产业结构优化与物流业发展的长期均衡关系出现偏差时会进行反向调整，调整速度为 0.609 6，最终使得两者由非均衡状态回归均衡状态。

5.2.6　结果分析

本节利用湖南省近 16 年的发展数据对湖南省产业结构优化与物流业发展进行实证分析，得到的研究结果如下。

通过对湖南省产业结构与现代物流业近 16 年来的发展数据进行互动现状研究，发现湖南省产业结构优化与物流业发展的总体发展趋势相近，但互动性较弱；湖南省产业结构优化会衍生出新的物流需求，进而带动湖南省物流业的持续发展，而湖南省物流业发展水平的不断提高则会促进产业结构的不断调整和优化；湖南省还存在物流供需不平衡、结构体系不完善、产业结构层次偏低、发展不合理等问题。

运用主成分分析法分别对湖南省产业结构优化与物流业发展进行了综合水平测度，发现湖南省产业结构优化与物流业发展的综合得分随着时间的推移不断增加，表明两者的发展水平处于不断上升趋势。但两者依然存在问题，对湖南省产业结构优化水平进行测度，通过分析主成分旋转的因子载荷矩阵，发现湖南省 R&D 经费（Q_{24}）投入、单位工业增加值废水排放量（Q_{32}）、高新技术产业占第二产业产值（Q_{31}）以及区域三次产业产值与劳动力投入的协调度会对湖南省产业结构优化的发展产生阻碍，在后续的发展中应予以重点关注。而物流业发展水平的测度结果表明湖南省物流业经济贡献率（P_{21}）与固定资产投资占比（P_{33}）两项指标并未对提升物流业发展水平起到积极作用，说明物流业的发展对区域经济的拉动作用还不够，政府对于物流业的固定资产投资还比较少，尚未对提升物流业的发展水平发挥作用。

在综合得分的基础上，采用 VAR 模型和 ECM 模型等对湖南省产业结构优化与现代物流业互动做了进一步的实证分析。两变量均为一阶单整序列，因此对其进行了协整分析，研究表明湖南省物流业的发展与产业结构优化存在长期均衡关系，物流业发展水平每提升 1%，产业结构优化水平会随之提高 0.52%。通过误差修正模型分析可知，两者还存在短期波动效应，当长期均衡关系出现偏差时，此时模型将会以 0.61 的反向调整速度进行修正。为进一步研究两变量的长期均衡关系，本节通过构建 VAR 模型、脉冲响应函数和方差分解分析对两者进行互动关系测度，结果表明湖南省产业结构优化对物流业发展水平的提升具有正向作用，且短期内即表现明显，最大响应值约为 0.02，但从长期来看，作用虽然持续但力度比较小。湖南省物流业发展水平对产业结构优化也会产生持续的正向冲击效应，但初期响应值为 0，且初期促进作用比较微弱，说明物流业发展对产业结构优化的提升作用可能存在时间上的滞后性，滞后期约为 1 年，从长期来看，这种促进作用基本维持在 0.1 左右，说明湖南省物流业发展对产业结构优化产生的促进作用还不够强。单从两者的相互作用幅度来看，湖南省物流业的发展对产业结构优化的作用力度比产业结构优化对物流业的发展作用力度要大。综上所述，湖南省产业结构优化与现代物流业在发展过程中存在互动关系。

具体来看，湖南省产业结构优化在短期内即对湖南省物流业的发展产生正向的促进作用，但作用较微弱；长期来看，产业结构优化对物流业的发展能产生持续的促进作用，但作用力度较小，基本维持在 0.02 左右。湖南省物流业的发展对于产业结构优化的促进作用存在滞后性。长期来看，这种促进作用虽然不太强，约为 0.1 左右，但却会持续发挥作用，且物流业的发展对产业结构优化的促进作用幅度比产业结构优化对于促进物流业发展的作用幅度大。在未来的发展中，湖南省应当处理好两者发展中的互动关系，促进两者的良性互动发展，最终实现我省经济全面协调可持续发展。

5.3　现代物流业与产业结构优化互动发展模式研究

从系统论角度分析，经济发展系统与物流系统之间的运行规律存在不确定性。作为一种被广泛应用的系统分析方法，灰色关联分析具有其自身的优势，对于存在"贫信息"的不确定性系统尤为适用。它通常可以用来判定两个系统或是两个因素间的相互联系，通过辨析系统中各因素间的作用关系，揭示系统的动态变化规律与关联程度。因此，本书利用灰色理论中的关联度模型，借助DPS（Data Processing System）、Excel2010 等统计工具分析湖南省物流业与产业结构协调发展的互动关系。

5.3.1　现代物流业发展指数模型的构建

根据物流业发展特点构建湖南省物流发展水平的评价指标体系，主要遵照以下原则。

1. 整体性原则

在选取指标时，需从整体出发，考虑研究指标之间的内在联系，既要避免遗漏，又要保证不能重复。

2. 科学性原则

严格将官方统计的具备代表性和研究价值且有现实意义的真实数据作为数据源，同时结合前文对产业结构优化和区域物流能力的概念分析及互动机理分析来构建评价指标体系。

3. 可操作性原则

用于实证分析的数据由于受到数据缺失及统计口径不一等的限制，很难确保其全面、科学。因此需保证所构建的评价指标体系既能兼顾科学性和可得性，又能最大程度地真实反映研究对象。

4. 逻辑性原则

为保证指标体系的逻辑性，体系设计要按照层层递进的方式进行分层。构建的现代物流发展水平综合评价指标体系如表 5-21 所示。

表 5-21　现代物流业发展水平综合评价指标体系

系统	一级指标	二级指标	单位
现代物流业系统	物流运输量	民航运输量	万吨
		铁路运输量	万吨
		公路运输量	万吨
		水运运输量	万吨
	物流供求情况	货物总周转量	亿吨 / 公里
		城镇进出口贸易总额	亿美元
	物流效益分析	城镇物流从业人数	人
		现代物流业产值占 GDP 比例	%

5.3.2　确定指标权重

使用熵权法确定权重可以避免受到人为主观因素的影响，并且可以通过熵值的计算衡量出各指标所提供信息量的大小，从而保证所确定权重的准确性。在使用熵权法确定权重的过程中，经常会遇到有数据为负值或 0 的情况，从而导致使用传统熵权法无法继续进行计算。为了解决这一问题，在对数据进行初始化处理的过程中，可使用线性平移的方法，在保证各指标数据均为正值的同时，保留各指标所包含的相对信息量。

按照评价体系中各指标的特点，可以将指标分为正向型指标和负向型指标。两种指标在初始化处理的过程中会存在差异，计算公式为

$$X' = \begin{cases} \dfrac{X - X_{\min}}{X_{\max} - X_{\min}} + \xi, X\text{为正向型指标} \\ \dfrac{X_{\max} - X_{\min}}{X - X_{\min}} + \xi, X\text{为负向型指标} \end{cases} \qquad （公式 5.24）$$

式中　X' 为初始化处理后的数据；X 为原始数据；ξ 为振动因子，其作用是保证 $X'>0$。

在确定指标体系的权重的时候，引入 Shannon 的熵值思想，各指标的权重确定采用熵值赋权法。由于这是一种在决策者优先决定的权重基础上再运用熵值技术统一修正权重的方法，因此在很大程度上避免了主观因素的影响。计算步骤为：首先对指标做比重变换 $s_j = x_{ij} / \sum_{i=1}^{n} x_{ij}$，然后计算熵值 $h_j = -\sum_{i=1}^{n} s_{ij} \times Ln_{s_{ij}}$，由此得到熵值的信息效用价值 $\alpha_j = 1- h_j$（$j =1,2,\cdots p$），最后得到指标 x_j 的熵权为

$$w_j = \alpha_j / \sum_{j=1}^{p} \alpha_j \qquad （公式 5.25）$$

式中，x_j 为样本 i 的第 j 个指标的数值（$i =1,2,\cdots n$；$j =1,2,\cdots,p$），n 和 p 分别为样本与指标个数。

在数据初始化完成后，便可使用传统的熵权法确定权重。本书以长沙市为

例，对现代物流发展与产业结构之间的关联进行分析。运用改进熵权法求得的长沙市物流发展水平评价指标体系中各指标的权重如表 5-22 所示。

5-22 物流业发展水平评价指标体系各指标的权重

系统	一级指标	二级指标	2008	2009	2010	2011	2012	2013	2014
现代物流业系统	物流运输量	民航运输量	0.010	0.014	0.019	0.020	0.019	0.020	0.021
		铁路运输量	0.019	0.018	0.020	0.022	0.018	0.015	0.011
		公路运输量	0.011	0.015	0.016	0.018	0.019	0.021	0.023
		水运运输量	0.009	0.013	0.022	0.025	0.013	0.019	0.018
	物流供求情况	货物总周转量	0.011	0.013	0.016	0.018	0.020	0.022	0.023
		城镇进出口贸易总额	0.014	0.012	0.015	0.017	0.019	0.021	0.025
	物流效益分析	城镇物流从业人数	0.013	0.015	0.014	0.020	0.020	0.022	0.027
		现代物流业产值占 GDP 比例	0.025	0.023	0.020	0.017	0.017	0.016	0.013

本书数据来源于 2008—2014 年《长沙统计年鉴》。由于选取的 8 个指标均是数值越大，协调性越强，因此都作为正效应指标类型予以计算。根据本书构建的现代物流业系统指标体系，在熵值赋权法的计算中，指标数 p 统一取值为 8。经过上述数据处理与权重计算，就可得到长沙市现代物流业系统指标权重数值。

5.3.3 发展指数的确定

物流发展指数能够直接反映某城市物流的综合发展水平，方便不同城市之间以及不同时间段之间进行对比评价。物流发展指数 S_i 表示为

$$S_i = F(X_1, X_2, X_3, \ldots, X_8) = \sum_{j=1}^{8} \omega_j x_{ij} \qquad （公式 5.26）$$

式中 ω_j 为各指标所对应的权重；x_{ij} 为第 i 年的第 j 个指标的数量 A；F 为各指标与物流发展指数的函数关系。

由式（5.26）可以确定长沙市 2008—2014 年各年份的物流发展指数，如图 5-5 所示。

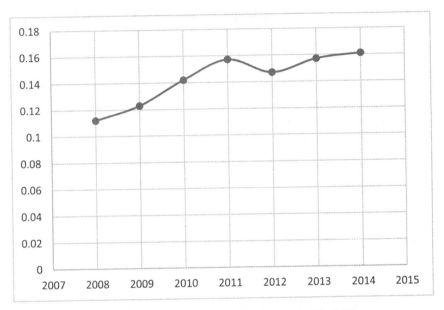

图 5-5 长沙市 2008—2014 年物流发展指数图

如图可知，长沙市自 2008 年以来，除了在 2011 年遇到了波动外，其物流发展水平一直在不断提高。

5.3.4 基于灰色关联的物流发展与产业结构关联分析

将物流发展指数与产业结构发展进行灰色关联分析，可分析出现代物流发展与产业结构之间的关联程度。

长沙市物流发展指数以及三大产业产值历年占总产值的比例如表5-23所示。

表5-23 长沙市物流发展指数及三大产业产值占总产值的比例

（占总产值的比例%）

年份	指数	第一产业	第二产业	第三产业
2008	0.112	6.6	51.8	41.6
2009	0123	5.8	52.4	41.8
2010	0.142	5.4	51.6	43.0
2011	0.157	5.1	50.8	44.1
2012	0.147	4.7	49.9	45.4
2013	0.157	4.9	48.7	46.4
2014	0.616	4.6	47.6	47.8

以长沙市物流发展指数作为参考数列，以长沙市第一产业、第二产业和第三产业产值占总产值的比例作为比较数列。在对原始数据进行无量纲化处理后，可以求得离差矩阵 Y 为

$$Y = \begin{bmatrix} Y_1 \\ Y_2 \\ Y_3 \end{bmatrix}, Y_i = (y_i^1, y_i^2, y_i^3, \ldots, \ y_i^7), i = 1, 2, 3 \tag{5.27}$$

式中 Y_1, Y_2, Y_3 分别为第一产业、第二产业和第三产业与物流发展指数之间的离差程度系数矩阵。

三大产业产值所占总产值的比例与物流发展指数之间的关联度 $r(Y_0, Y_i)$ 为：

$$r(Y_0, Y_i) = \frac{1}{7} \sum_{k=1}^{7} r(Y_0^k, Y_i^k)$$

式中 $r(Y_0^k, Y_i^k)$ 为第 k 年的物流发展指数与第 k 年的第 i 产业的关联程度，

$$r(Y_0^k, Y_i^k) = (\Delta \min Y + \Delta \rho \max Y) / (\Delta Y + \Delta \rho \max Y_i)$$

ρ 为分辨系数，通常取 0.5。

通过计算可知，长沙市物流发展与第一产业、第二产业以及第三产业之间的关联度分别为0.88、0.96和0.96。因此，现代物流业的发展会促进三大产业的发展，尤其是第二产业和第三产业，会推动产业结构的优化升级。

5.3.5　物流业与产业结构优化发展建议

1.合理布局主导优势产业，提升区域物流环境保障能力

湖南省目前还存在产业结构层次偏低、三次产业发展不合理等问题。湖南省目前正处于工业化发展中期，第二产业依然占据较高地位，因此合理地布局主导优势产业及配套产业对促进区域产业结构的合理化具有重要作用。产业结构的优化和优势产业的集聚将会带来高层次人才、资金、技术等生产要素的集聚，区域物流发展所需环境也会随之逐渐改善，区域物流环境保障能力也将得以提升。

2.注重生产性服务业的专业化，提升区域物流主体运营能力

目前，湖南省第三产业发展迅速，但金融业、房地产业等生活性服务业占比较高，交通运输、仓储、邮电通信业的占比仍然较低，第三产业内部发展结构还不太合理，与工业发展配套的生产服务业的发展仍然滞后。区域物流主体运营能力的提升急需通过推动湖南省生产性服务业的专业化和高端化发展来实现。首先，围绕湖南省轨道交通、高端装备制造、新材料等高新技术产业，建设一批服务功能优良，专业化、自动化、信息化水平高的生产性服务企业，并在先进制造业集聚区打造配套物流产业园区，提高生产性服务业的衔接性与准确性，深入推进湖南省制造强省的"1274"行动；其次，从两业融合的角度着手，在制造业产业链的基础上拓展其服务功能，推动制造业由生产型制造向服务型制造发展，不仅要推动邮政、仓储、批发、零售、电信等传统生产性服务业的发展，还要从寻求新型服务的角度出发，重点发展研发设计、节能环保、电子商务、售后服务等新型灵活的生产性服务业；最后，通过基础设施和资金投入及减免税收、贷款减息等优惠政策鼓励龙头企业加大技术、资金和人才投入，根据社会需求和行业标准在现有的服务功能基础上不断拓展新的领域并逐渐形成规模优势，带动中小型生产性服务业不断往高、精、尖的方向发展，从而做大、做强生产性服务业。

3.推进绿色物流，促进产业结构的可持续化

完善湖南省现有的物流通道，以湖南省公路、铁路、水运及航空网为依托，以国家一级物流园区布局城市长沙、国家二级物流园区布局城市娄底、衡阳等和国家三级物流园区布局城市株洲、郴州、湘潭、邵阳等为节点，建设以京广、沪昆干线为中心的铁路公路通道和以黄花机场及沿线为枢纽的航运通道和湘江、资江等水运为枢纽的水运通道，最终形成陆运、空运和水运三位一体的综合性、开放性物流通道，为推进绿色物流及产业结构的可持续化发展提供坚实的硬件条件。

4.完善物流服务和信息化建设，促进产业结构高级化

完善物流服务功能，提升生产性服务业整体功能，利用先进制造业优势，促进区域物流业与制造业联动发展，进而在增强供应链一体化服务的基础上不断完善产业集群区域的物流服务功能。具体而言，首先运用税收优惠政策鼓励制造企业将物流业务与企业核心业务进行分离或者将其外包，同时对有条件建立专业物流公司的企业予以政策和资金支持，从而形成专业化和信息化水平高、社会化物流业务水平好的第三方物流，鼓励制造企业与其开展长期合作；其次以供应链物流为着眼点，借鉴国家制造业与物流业联动发展经验，鼓励支持有实力的第三方物流企业建设与制造企业配套的物流信息系统、配送和仓储设施，从而实现对生产制造企业从原材料采购到产品销售的供应链一体化服务；最后在全省141个省级及以上产业集聚区和经济开发区，以主导产业配套的物流园区为核心，针对性建设公共仓储、配送等物流节点和物流信息服务平台，增强产业集群区域物流园区的采购物流、逆向物流及销售物流等的专业性和配套性。

5.创造积极健康的互动发展环境

湖南省产业结构优化与区域物流能力互动性较弱，在未来的发展中应得到重视。促进两者的良性互动发展可从创造积极健康的互动发展环境入手，首先，搭建区域物流业与三次产业之间的互动发展平台，包括资源信息共享平台、人才要素交流平台等，强化物流业的传输媒介和纽带作用，促使区域物流业能够有效发挥其基础性服务业的作用，带动三次产业联动发展。其次，加大基础设施投资建设。实证结果显示物流业固定资产投资占比这一指标对湖南省区域物流能力的提升存在制约和阻碍作用，间接影响了产业结构优化发展。而且，湖南省还存在着基础设施配套不足，现有的公路、铁路和水运等衔接性不高等问题。因此在未来的发展中，应充分利用地域发展特色和道路干线、物流

节点、物流园区等的规划布局，在整合现有资源的基础上加大物流基础设施建设，形成配套齐全的综合运输网络，完善物流配送和仓储体系，从而提升区域物流能力，促进产业结构的优化发展。再次，加快物流体制改革。湖南省传统物流企业和物流模式条块分割、各自为政等问题严重，管理方式落后，信息闭塞，导致物流供需不平衡、物流服务体系不健全，第三产业内部结构性矛盾突出。为促进第三产业的合理发展，需加快湖南省物流体制改革，统一协调物流技术标准化体系、物流立法、市场准入等方面的工作，完善物流服务体系，建立统一、高效、权威的物流宏观调控机制。最后，加强人才培养。由于缺乏竞争优势和资源条件，湖南省对于中高端人才和技术人才的引进、培养和留用均十分困难。因此，加强人才培养可为湖南省产业结构优化与区域物流能力的互动发展提供人才支持。加强人才培养一方面可从加大人才教育方面入手，支持省内高校、科研机构与地区产业基地、大型企业合作，建立产学研合作机制，积极引导高校根据市场需求设置专业，鼓励校企合作定向培养模式；另一方面拓宽高精尖人才引进渠道，引进一批具有国际视野、懂经营、善管理的高端人才，对引进人才给予相适应的福利待遇。

5.4 现代物流业与产业结构优化互动影响因素分析

近年来，现代物流业在我国国民经济发展中发挥着日益重要的作用，发展现代物流业正逐渐成为优化生产力布局、调整产业结构的一项战略性举措。区域物流能力的高低是区域物流业发展水平高低的一种体现，与该区域经济发展水平密切相关，长江三角洲和珠江三角洲的实践经验足可证明两者的辩证关系。为促进产业结构优化与物流业的发展，相关文件分别从国家层面和湖南省层面明确指出促进两者协同发展的重要作用。《物流业发展中长期规划（2014—2020 年）》提出现代物流业在推动产业结构升级、建设生态文明、提高国民经济发展水平等方面发挥着战略性作用，《湖南省现代物流业发展三年行动计划（2015—2017 年）》明确提出以产业联动提升产业集聚区生产物流服务能力，全面提升全省物流业专业化、社会化和信息化水平，建设物流大省的战略要求。区域物流能力的提升不仅能促进区域经济协调发展，还能为区域产业结构的转型发展指明方向。产业结构升级既是"两型社会"科学内涵的题中之义，又是新型城镇化推进过程中需要实现的重大命题，习近平强调了产业结构优化升级是提高我国经济综合竞争力的关键举措，要加快构建现代产业发展新体系。纵观国内外的发展实践，产业结构优化升级与物流能力的提升之间存在着千丝万缕的联系。区域物流能力提升不仅能带动区域内支柱产业的发展，同时还能带动原有工业结构和整体产业结构随之优化升级；而产业结构不断优化升级又能带动区域物流发展所需的基础条件、政策和经济环境的逐步改善，从而提升区域物流能力发展水平，两者之间能够相互促进，共同推动区域经济的科学协调发展。但在实际发展过程中，湖南省物流产业发展中还存在物流产业集约化程度低、发展方式粗放、结构体系不健全等方面的不足，限制了其对区域产业结构调整的促进作用，而产业结构存在的层次低、创新驱动力不足、产业协作度差等问题在一定程度上也阻碍和制约了湖南省区域物流的发展。因此，研究湖南省产业结构优化与区域物流能力的互动关系，对推动湖南省区域经济的科学协调发展、建设"两型社会"和推进新型城镇化建设具有重要意义。

5.4.1 现代物流业对产业结构优化驱动因素分析

1.研究方法与建模

（1）响应模型。物流产业结构优化响应是指物流业发展带动了产业结构优化，产业结构优化对物流业的推动作用做出的反应。不同时序的物流业水平大多数体现在基础设施保障、物流经营主体运营能力、物流环境保障能力等层面上。产业结构优化程度主要体现在产业结构合理化、产业结构高度化、产业结构可持续化等指标上。两者间的互动发展关系、响应程度的大小会受到多种直接或间接的因素影响，为直观地表现出湖南省物流业带动产业结构优化的响应程度，本书借鉴前人关于物流业与产业结构互动发展课题研究，分别选择湖南省 1992—2016 年物流产业增加值以及湖南省二、三产业占总产业的比值这两个指标表示物流业与城镇化发展指标，与此同时引入"物流产业结构优化响应程度系数"，用于测度湖南省现代物流业对产业结构优化各因素的驱动作用的响应程度大小，具体的模型为：

$$X_1 = \frac{H}{W}$$

（模型 5.30）

在上式中，X_1 代表物流产业结构优化响应程度系数，W 代表物流产业生产总值，这里以交通运输仓储业增加值代替，H 代表产业结构优化水平，这里以二、三产业占总产业值的比重代替。模型以产业结构优化与物流业的比值反映产业结构优化对物流业的反馈程度。当响应系数 X_1 逐年递减时，可以理解为驱动作用减少。

（2）多元计量回归模型。通过第四章对现代物流业与产业结构优化的互动机理分析可知，物流业发展会带动产业结构优化，使产业结构更加的合理化、高度化、可持续化。为探析物流业各发展指标对产业结构优化的驱动程度，建立以下函数模型：

$$B_i = (U_1)^{a_1}(U_2)^{b_1}e^{\lambda_1} \qquad （模型 5.31）$$

式中 B_i 表示产业结构优化程度的三个水平，B_1 表示产业结构合理化程度，用结构偏离度表示，B_2 表示产业结构高度化程度，用 R&D 经费投入表示，B_3 表示产业结构可持续化程度，用环保投入额表示。U_1、U_2 分别表示影响产业结构优化的相关因素 1 和因素 2。a_1 和 b_1 分别表示对应的弹性系数，λ_1 为其它干扰因素。由于非线性的存在，对其取对数处理，得到以下多元回归模型：

$$\ln B_i = a_1\ln U_1 + b_1\ln U_2 + \lambda_1 \qquad （模型 5.32）$$

取物流业驱动产业结构优化的因素 U 为：ZH 载货车量数（万辆）、GL 公路里程数（公里）、HZ 货运周转量（亿吨）、WG 物流固定资产投资（亿元）、WR 物流从业人员数量（万人）、WZ 物流业增加值（亿元）、HY 货运量（亿万吨）、WX 物流业能源消耗（万吨）、WC 物流从业人员工资（万元）、WJ 物流业经济贡献率（%）、DH 电话普及率（%）、ZX 大专及以上学历占总人数比例（%）。

2. 数据来源及标准化处理

结合湖南省物流业和产业结构优化发展现状，为了更直观、明显地获取关于物流业与产业结构优化两者之间的响应关系，拟选取湖南省 1992—2018 年近 27 年数据作为研究对象。考虑到数据来源与获取的局限性，针对各驱动产业结构优化因素，本书选取了湖南省自 2001 年以来近 18 年的发展数据作为研究对象，数据选取的来源主要有：《中国统计年鉴（2002—2017）》、《湖南省统计年鉴（2002—2017）》、湖南省统计局网站、其他统计网站、相关市统计公报及其他统计资料。

由于数据获取受限，本书选择电话普及率表示物流业信息化程度，以大专及以上学历占总人口比例表示物流业人才投入潜力。选取交通运输、仓储及邮政业增加值来衡量整个物流业的发展，用结构偏离度表示产业机构合理化水平，用 R&D 经费投入表示产业结构高度化水平，选取环保投入额表示产业结构可持续化水平。对需要进行加工才能使用的数据，参考前文公式，运用 Excel2010 对数据进行运算处理。为避免数据度量单位不同而造成计算偏差，本书采用取对数方法对数据进行标准化处理。

3. 湖南省物流业驱动产业结构优化的时空分异特征

由图 5-6 可知，从 1992 年至 2016 年湖南省物流业发展水平与产业结构优化取得了很大的进步，但产业结构优化程度发展相对较慢。物流业增加值由 1992 年 51.29 亿元（对数为 1.71）增加到 2016 年的 1356.56 亿元（对数为 3.13），年均增长率为 14.62 个百分点。产业结构优化程度由 1992 年 67.18 个百分点取对数后 4.20 增加到 2016 年的 88.66 个百分点取对数后 4.48，年均增长率为 1.16 个百分点。虽然湖南省物流业的良性发展使得产业结构优化在不断地提升，但对其驱动作用呈现明显的下降趋势，从 1992 年的 1.068 下降到 2016 年的 0.621，年均下降 2.24 个百分点，响应系数的降低表明物流业发展对产业结构优化的驱动程度在逐渐降低。因此，推动产业结构优化要有针对性，不能过多地以提高物流业水平来达到优化产业结构的目的。

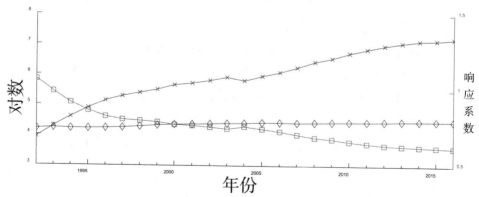

图 5-6　湖南省物流业驱动产业结构优化（1992—2016）

从图 5-6 可知 1992 年至 2016 年湖南省产业结构优化响应系数整体呈现下降趋势，但在下降中存在明显的幅度差异，1992 年至 1996 年我国正处于执行"八五规划"时期，全国人民生活从温饱达到小康水平，并把发展教育事业、推动科技进步、改善经济管理、调整经济结构列为重点建设。邓小平南方谈话之后社会加快了改革开放的步伐，第二第三产业逐渐开始复苏，但社会资源仍然更多地集中于第一产业，这一时期物流业等的基础设施开始完善，而物流业的发展对产业结构的驱动作用明显不是决定性作用。虽然物流业的年均增长率达到 18.78 个百分点，产业结构优化率年均增长 0.5 个百分点，产业结构优化对物流业的响应系数急剧降低，由 1.068 降低至 0.822，年均降低 6.4 个百分点，表明在这一段时期内物流发展水平对产业结构优化的驱动程度主要不是来自物流业的发展，是来自其他因素。

5.4.2　湖南省物流业驱动产业结构优化影响机制分析

1. 产业结构合理化影响因素分析

由上文物流业驱动产业结构优化模型可知，要对产业结构合理化影响因素分析需对各影响因素进行计量回归分析，以检验变量之间的合理性。此外，U_1、U_2 量纲不统一，为消除量纲问题，对其进行取对数处理。

由表 5-24 中的回归结果可知，本书选取的驱动产业结构合理化的物流业因素均在 1% 水平下显著，且各因素均与产业结构合理化有较高的相关性。表明本书研究物流业驱动产业结构合理化的指标选取具有一定的合理性，指标数据可用。所选取的 6 个变量中，由各拟合系数指均低于 0.5 可知驱动产业结构合理化的物流因素由多个因素相互关联产出驱动效果，单个因素关系对其驱动效果不明显，在以上各指标中，电话普及率代表物流业信息化程度，与其他因素相比拟合度较高，表明物流业信息化程度对产业结构合理化影响比其他因素大；大专及以上学历占总人口的比例代表物流业人才的组成，表明物流业人才结构构成能够不断推动物流业发展水平，进而推动对产业的服务能力，推动产业结构合理化；物流业增加值与产业结构合理化的拟合度最低，表明物流业增加值对产业结构合理化的影响较越小。

表 5-24　物流驱动产业结构合理化影响因素分析

变量	lnHZ	lnWZ	lnHY	lnWC	lnDH	lnZX
常数	3.029*** （7.73）	3.42*** （11.29）	3.70*** （32.22）	3.88*** （100.18）	3.49*** （24.23）	4.11*** （88.08）
$\ln Y_1$	0.12** （2.408）	0.08* （1.81）	0.11** （2.39）	0.09*** （2.83）	0.12*** （3.32）	0.11*** （3.27）
R^2	0.293	0.18	0.29	0.36	0.44	0.43
DW	1.40	1.36	1.41	1.49	1.82	1.83
F	5.80	3.28	5.710	8.02	11.02	10.67

资料来源：作者整理，其中 ***、**、* 分别表示在 1%、5%、10% 水平下显著；括号内为 t 统计值

2. 各影响因素驱动作用动态分析如下。

利用 Eviews8.0 来对物流业驱动产业结构合理化影响原理模型进行计量回归检验，研究不同的物流业发展水平对产业结构合理化所带来的整体影响。受目前统计数据限制，且各变量之间可能存在相关性，本书在对各驱动产业结构合理化的影响因素做相关性分析的基础上，提取相关性较小的变量，选取双因素做回归分析，以研究其对产业结构合理化的驱动性。研究内容主要包括货物周转量和物流业增加值对产业结构合理化的驱动作用、物流业增加值和货运量对产业结构合理化的驱动作用、物流业增加值和物流从业人员工资对产业结构合理化驱动作用、物流业增加值和大专及以上学历占总人口比例对产业结构合理化驱动作用。其计量回归见表 5-25。

表 5-25　双因素对产业结构合理化驱动性

变　量	$l_n Y_1$	R^2	DW	F
常数	1.19** （2.24）			
lnHZ	1.00*** （4.55）	0.69	1.53	14.28　（1）
lnWZ	−0.77*** （−4.05）			

变　量	l_nY_1	R^2	DW	F
常数	6.71***（8.55）			
lnWZ	−0.76***（−3.85）	0.67	1.79	13.08　（2）
lnHY	0.90***（4.33）			
常数	6.69***（10.45）			
lnWZ	−0.49***（−4.39）	0.74	1.96	18.94　（3）
lnWC	0.47***（5.31）			
常数	4.19***（14.94）			
lnWZ	−0.22***（−2.74）	0.65	2.74	11.82　（4）
lnDH	0.32***（4.08）			
常数	5.34***（8.71）			
lnWZ	−0.16*（−2.01）	0.57	2.27	8.53　（5）
lnZX	0.24***（3.37）			

资料来源：作者整理，其中***、**、*分别表示在1%、5%、10%水平下显著；括号内为统计值。

从模型（1）（2）（3）（4）（5）的回归结果可以看出，物流业增加值和物流业从业人员工资对产业结构合理化影响较大，其拟合系数 R^2 为 0.74。对于模型（1）仅考虑此二因素时，货运周转量与产业结构合理化有一定的显著影响，其弹性系数为 1 且在 1% 水平下显著，而物流业增加值与其弹性系数为 −0.77。这可能是因为货运周转量能够有效带动产业间物质流动，而物流业增加值相对于单独对产业结构合理化的影响，其逆驱动作用由 −1.99 降低至 −0.77，表明货运周转量增加带来的物流业增加值能够起到驱动产业结构合理化的作用。对于模型（2）而言，货运量比物流业增加值更能驱动产业结构合理化，其弹性系数为 0.9，物流业增加值相对于单独对产业结构合理化的影响，其逆驱动作用由 −1.99 降低至 −0.77，且两者都在 1% 水平下显著，其原理同模型（1）。对于模型（3）而言，物流从业人员工资比物流业增加值更能驱动产业结构合理化，其弹性系数为 0.47，物流业增加值相对于单独对产业结构合理化的影响，其逆驱动作用由 −1.99 降低至 −0.49，且两者都在 1% 水平下显著，表明产业结构合理化不仅受到一个因素影响，其原理同模型（1）。对于模型（4）而言，物流业信息化水平比物流业增加值更能驱动产业结构合理化，其弹性系数为 0.32，物流业增加指相对于单独对产业结构合理化的影响，其逆驱动作用由 −1.99 降低至 −0.22，且两者都在 1% 水平下显著，表明考虑信息化水平情况下，物流业增加值对产业结构合理化的逆驱动性明显降低。对于模型（5）而言，物流业的人才结构比物流业增加值更能驱动产业结构合理化，其弹性系数为 0.24，物流业增加值相对于单独对产业结构合理化的影响，其逆驱动作用由 −1.99 降低至 −0.16，且两者都在 1% 水平下显著，表明考虑物流业从业人才结构情况下，物流业增加值对产业结构合理化的逆驱动性明显降低。

2. 产业结构高度化影响因素分析

由表 5−26 中的回归结果可知，本书选取物流业驱动产业结构高度化的因素均在 5% 水平下显著，且各因素均与产业结构高度化有较高的相关性。这表明本书研究物流驱动产业结构高度化的指标选取具有一定的合理性，指标数据可用。所选取的 5 个变量中，货运量（HY）、货物周转量（HZ）、物流业增加值（WZ）、物流能源消耗（WX）与产业结构高度化的拟合系数 R^2 分别为 0.99、0.98、0.97、0.95，表明货运量、货物周转量、物流业增加值和物流能源消耗等硬性指标与产业结构高度化关系紧密。载货车辆数（ZH）与产业结构高度化的拟合系数为 0.88，表明载货车辆数在一定程度上能够反映物流业基础设备完善程度，即能够驱使更多的经费投入产业结构优化方面，但其拟合系数较前四者小，其与产业结构高度化的关系较低。

表 5−26　物流驱动产业结构高度化影响因素分析

变　量	lnZH	lnHZ	lnWZ	lnHY	lnWX
常数	−5.2*** （−5.35）	−12.8*** （−23.22）	−7.9*** （−16，31）	−0.32** （−2.28）	−9.9*** （−10.92）
$\ln Y2$	2.71*** （10.25）	2.26*** （31.81）	1.95*** （26.13）	2.07*** （36.13）	2.18*** （16.15）
R^2	0.88	0.98	0.97	0.99	0.95

续　表

变　量	lnZH	lnHZ	lnWZ	lnHY	lnWX
DW	1.65	1.41	1.16	1.51	1.28
F	105.19	1012.15	682.83	1305.9	260.8

各影响因素驱动作用动态分析如下。

利用 Eviews8.0 对物流业驱动产业结构高度化影响原理模型展开计量回归检验，从而研究不同的影响因子对产业结构高度化发展所带来的整体影响。受目前统计数据限制，且由于各变量之间可能存在相关性，本书在对各驱动产业结构高度化发展的各影响因素之间进行相关性分析的基础上，提取相关性较小的变量，选取双因素进行回归分析，研究其对产业结构高度化发展的驱动性。分别为载货车辆数和物流能源消耗、货运周转量和物流业增加值、货运周转量和物流能源消耗、物流业增加值和货运量、物流业增加值和物流能源消耗等，其计量回归结果如表 5-27 所示。

表 5-27　物流业驱动产业结构高度化的回归分析

变　量	$\ln Y_1$	R^2	DW	F
常数	−8.99***（−10.0）			
lnZH	0.86**（2.33）	0.96	1.48	174.68　（1）
lnWX	1.56***（5.43）			
常数	−11.13***（−11.4）			
lnHZ	−1.43***（3.53）	0.98	1.49	626.9　（2）
lnWZ	0.73**（2.07）			
常数	−12.39***（−23.7）			
lnHZ	1.73***（7.53）	0.99	1.52	678.6　（3）
lnWX	0.54**（2.38）			

续　表

变　量	$\ln Y_1$	R^2	DW	F
常数	−2.69**（−2.13）			
lnWZ	0.60*（1.88）	0.99	1.58	773.4　（4）
lnHY	1.44***（4.28）			
常数	−8.91***（−20.72）			
lnWZ	1.32***（7.55）	0.99	1.62	681.03　（5）
lnWX	0.75***（3.82）			

资料来源：作者整理，其中 ***、**、* 分别表示在 1%、5%、10% 水平下显著；括号内为 t 统计值。

　　从模型（1）（2）（3）（4）（5）的回归结果可以看出，载货车辆数和物流能源消耗、货运周转量和物流业增加值、货运周转量和物流能源消耗、物流业增加值和货运量、物流业增加值和物流能源消耗对产业结构高度化的影响都较大，其拟合系数 R^2 分别为 0.96、0.98、0.99、0.99、0.99，可理解为产业结构高度化与分别考虑两种因素时关系较紧密。对于模型（1）而言，物流能源消耗对产业结构高度化的驱动作用较显著，其弹性系数为 1.56，而载货车辆数对产业结构高度化的驱动性次之，为 0.86。这可能是由于物流能源消耗的严重性能够驱动各产业对研发的投入，各企业通过直接或间接地加大研发投入达到提效降本的目的。此时，载货车辆数与之相比作用较低。对于模型（2）而言，物流业增加值与产业结构高度化的驱动作用相比载货周转量较大，为 0.73，且在 1% 水平下显著。仅考虑此两种因素对产业结构高度化的驱动作用时，货运周转量对产业结构高度化的弹性系数为负。这可能是由于对各产业中的企业而言，随着货物周转量的增加，企业的投入将更多地用于应对物流效率方面，对 R&D 投入会明显降低，而随着物流业增加值不断提升，物流能力不断提高会驱动企业将更多的资金用于研发。对于模型（3）而言，货运周转量相比物流能源消耗更能驱动产业结构高度化，其弹性系数为 1.73，且在 1% 水平下显著，物流能源消耗对产业结构高度化的弹性系数为 0.54，驱动性较弱。货运量反映了企业服务能力，而物流能源消耗与之相比更多的是输运消耗，服务水平越高，企业越能将资金投入研发。对于模型（4）而言，货运量相比物流业增加值更能驱动产业结构高度化，其弹性系数为 1.44，且在 1% 水平下显著，物流业增加值对产业结构高度化的弹性系数为 0.6，驱动性较弱。对于模型（5）而言，物流业增加值相比物流能源消耗值更能驱动产业结构高度化，其弹性系数为 1.32，且在 1% 水平下显著，能源消耗对产业结构高度化的弹性系数为 0.75，驱动性较弱。物流业增加值表明物流业的发展水平，而物流能源消耗指物流业的耗损情况，表明两者相比物流业增加值更能驱动产业结构高度化。

3. 产业结构可持续化影响因素分析

由表 5-28 中的回归结果可知，本书选取的物流业驱动产业结构可持续化的因素均在 1% 水平下显著，且各因素均与产业结构可持续化有较高的相关性。这表明本书研究物流业驱动产业结构可持续化的指标选取具有一定的合理性，指标数据可用。所选取的 5 个变量中，公路里程（GL）、货运量（HY）、物流业从业人员工资（WC）三个因素与产业结构可持续化的拟合系数 R^2 分别为 0.91、0.95、0.96，表明物流业发展中的公路里程、货运量和物流业从业人员工资等因素与产业结构可持续化关系紧密，能够驱动产业结构可持续化发展。物流从业人员数（WR）、物流能源消耗（WX）与产业结构可持续化发展的拟合系数分别为 0.85 和 0.88，表明物流业发展中的物流业从业人员数量和物流能源消耗等因素与产业结构可持续化相比，前三个因素关联性次之，但对产业结构可持续化仍具有一定的驱动作用。

表 5-28　物流业驱动产业结构可持续化影响因素分析

变　量	lnGL	lnWR	lnHY	lnWX	lnWC
常数	−28*** （−10.9）	−27.7*** （−8.08）	−2.5*** （−6.84）	−13.8*** （−8.11）	1.75*** （15.30）
$\ln Y_3$	2.70*** （12.3）	6.3*** （9.14）	2.50*** （16.94）	2.60*** （10.25）	1.91*** （19.59）
R^2	0.91	0.85	0.95	0.88	0.96
DW	1.41	0.95	1.18	1.39	1.14
F	151.97	86.6	287.13	105.10	383.80

各影响因素驱动作用动态分析如下。

利用 Eviews8.0 对物流业驱动产业结构合理化影响原理模型开展计量回归检验，从而研究不同的影响因子对产业结构可持续化发展所带来的整体影响。受目前统计数据限制，且由于各变量之间可能存在相关性，本书在对各驱动产业结构可持续化发展的各影响因素之间进行相关性分析的基础上，提取相关性较小的变量，选取双因素进行回归分析，研究其对产业结构可持续化的驱动性。分别为公路里程和货运量、公路里程和物流从业人员工资、物流固定资产投资和物流从业人员工资、物流从业人员和货运量、物流从业人员和物流能源消耗等五组变量，其计量回归结果如表 5-29 所示。

表 5-29　物流业驱动产业结构可持续化的回归分析

变　　量	$\ln Y_1$	R^2	DW	F	
常数	−12.02*** （−2.95）				
lnGL	0.96** （2.33）	0.96	1.45	192.16	（1）
lnHY	1.68*** （4.52）				
常数	−8.50** （−2.38）				
lnGL	0.90*** （2.88）	0.97	1.81	296.36	（2）
lnWC	1.33*** （6.17）				
常数	−2.27** （−2.32）				
lnWG	0.82*** （4.13）	0.98	1.69	420.91	（3）
lnWC	0.66** （2.12）				
常数	−9.98*** （−3.18）				
lnWR	1.79** （2.38）	0.96	1.83	194.60	（4）
lnHY	1.90*** （6.68）				
常数	−22.0*** （−8.16）				
lnWR	3.09*** （3.43）	0.93	1.91	98.96	（5）
lnWX	1.53*** （4.15）				

从模型（1）（2）（3）（4）（5）的回归结果可以看出，物流固定资产投资和物流从业人员工资与产业结构可持续化关系最紧密，其拟合系数 R^2 为 0.98，DW 值为 1.69，可理解为这两项因素最能表示物流业与产业结构可持续化关系。对于模型（1）而言，货运量与公路里程相比，前者对产业结构可持续化的驱动性较大，其弹性系数为 1.68，且在 1% 水平下显著，公路里程与产业结构可持续化的弹性系数为 0.98。这可能由于比起公路里程数给产业带来的益处，货运量更能有效地推动产业发展，促进企业进行环保投入。对于模型（2）而言，物流从业人员工资与公路里程数相比更能驱动产业结构可持续化发展，其弹性系数为 1.33，且在 1% 水平下显著，公路里程对产业结构可持续化的驱动性相比较低，其弹性系数为 0.90。这可理解为物流从业人员工资提高能够带动物流业的服务质量，从而侧面推动各产业内企业发展，提高环保投入，而公路里程增加表明的效益与之相比较次之。对于模型（3）而言，物流固定资产投资对产业结构可持续化的弹性系数为 0.82，物流从业人员对产业结构可持续化的弹性系数为 0.66，略低于前者，但相差不大。表明物流固定资产投资对产业结构可持续化的驱动作用同物流从业人员工资的驱动效果较同步。对于模型（4）而言，物流从业人员数量对产业结构优化的弹性系数为 1.79，且在 5% 水平下显著，货运量对产业结构可持续化的弹性系数为 1.90，后者略高于前者。表明在考虑此两个因素对产业结构可持续化的驱动作用时，两者驱动效果较同步。对于模型（5）而言，物流从业人员与物流能源消耗相比更能驱动产业结构的可持续化发展，其弹性系数为 3.09，且在 1% 显著水平下，物流能源消耗对产业结构可持续化的驱动性相比较低，其弹性系数为 1.53。这可理解为物流从业人员数越多，其物流服务分工越明细，服务质量越高，便会驱动产业将更多地投入环保，物流能源消耗的驱动效果与之相比较次之。

4. 结论与讨论

（1）相关结论。本节在借鉴前人对相关问题的研究的基础上引入"产业结构物流响应测度模型"，并构建"物流业驱动产业结构优化发展的影响机制模型"，运用湖南省 1992—2016 年的相关数据，从物流业驱动产业结构合理化、高度化、可持续化三个层面探析物流业各项发展指标对产业结构优化发展的驱动过程和影响机制，并得到以下结论。

①产业结构物流响应的时序过程。1992—2016 年，湖南省物流业驱动产业

结构响应系数整体上呈现下降趋势，物流业对产业结构的驱动作用越来越小。但随着物流业发展方向的侧重点不同，响应系数也出现了相应的变化。可大致看成三个阶段：1992—1996 年为响应系数急速下降阶段；1996—2004 年的响应系数逐步降低，但在 2003 年到 2004 年出现稍微回升现象；2004—2016 年的响应系数又呈现较大下降幅度，但相比第一阶段下降幅度较小。

②各影响因素对产业结构合理化的作用差异。湖南省产业结构合理化主要受到货运周转量、物流业增加值、货运量、物流从业人员工资、电话普及率、大专及以上学历占总人口数的比例等因素的影响。不同影响因素及考虑不同因素组合时，其对产业结构合理化发展的驱动程度不同，存在驱动程度增加或减弱的效果。政府部门可根据地区资源禀赋选择优先发展指标，以达到最大化地驱动产业结构合理化发展。在单因素作用下，物流业信息化程度对产业结构合理化的拟合度最高，驱动性也最高。综合考虑双因素作用下的物流业增加值和物流从业人员工资对产业结构合理化发展的拟合程度最高，其中物流从业人员工资的驱动性大于物流业增加值，且后者的驱动效果呈现副作用。

③各影响因素对产业结构高度化的作用差异。湖南省产业结构高度化发展受载货车辆数、货运周转量、物流业增加值、货运量、物流业能源消耗等因素的影响。不同影响因素及考虑不同因素组合时，其对产业结构高度化的驱动程度不同，存在驱动程度增加或减弱的效果，政府部门可根据地区资源禀赋选择优先发展指标，以达到最大化地驱动产业结构高度化发展。在单因素作用下，货运量对产业结构高度化发展的拟合程度最高，但其驱动强度不如载货车辆数。考虑双因素作用下的货运周转量和物流能源消耗、物流业增加值和货运量、物流业增加值和物流业能源消耗等与产业结构高度化的拟合程度均达到 0.99，其驱动效果存在差异。

④各影响因素对产业结构可持续化的作用差异。湖南省产业结构可持续化的发展受公路里程、物流从业人员数量、货运量、物流能源消耗、物流从业人员工资等因素的影响。不同影响因素及考虑不同因素组合时，其对产业结构可持续化的驱动程度不同，存在驱动程度增加或减弱的效果。政府部门可根据地区资源禀赋选择优先发展指标，以达到最大化地驱动产业结构可持续化发展。在单因素作用下，物流从业人员工资对产业结构可持续化的拟合程

度最高。综合考虑双因素作用下的物流固定资产投资和物流从业人员工资对产业结构可持续化的拟合程度最高，且物流固定资产投资对产业结构可持续化的驱动性大于物流从业人员工资。

（2）相关讨论。本节对湖南省物流业对产业结构优化的驱动强度进行实证分析，为了能够更直观地得出响应系数和弹性系数，仅对各指标进行简单的对数处理。此外，对产业结构合理化、产业结构高度化、产业结构可持续化的指标选取的精确性有待进一步验证，后续还需要对指标选取进行明确分析。本节仅从一项、两项物流业指标建立回归分析，研究对产业结构优化的驱动性，后续还需进一步研究三项或四项等指标对产业结构驱动性的影响。

5.4.3　产业结构优化对物流业的驱动因素分析

1. 研究方法与建模

（1）响应模型。产业结构优化物流响应是指产业结构优化带动了物流业发展，物流业对产业结构优化的推动作用作出的反应。不同时序的产业结构优化水平大多体现在产业结构合理化水平、产业结构高度化水平、产业结构可持续化等层面上。物流业发展水平主要体现在基础条件支撑能力、经营主体运营能力、物流环境保障能力等指标上。两者间的互动发展关系、响应程度的大小会受到多种直接或间接的因素影响。为直观地表现出湖南省产业结构优化带动物流业发展的响应程度，本书借鉴前人在产业结构和物流业互动发展方面的课题研究，分别选择湖南省 1992—2016 年第二产业、第三产业占总产值比值和物流产业增加值这两个指标表示产业结构优化和物流业发展指标，同时引入"产业结构优化物流响应程度系数"，用于衡量测度湖南省产业结构各因素对物流业各指标的驱动作用的响应程度大小，具体模型为

$$K = \frac{W}{H} \tag{5.33}$$

在模型中，K 代表产业结构优化物流响应程度系数，H 指代产业结构优化水平，这里以第二产业、第三产业占总产值的比重代替，W 指物流业发展水平，这里以交通运输仓储业增加值代替。模型以物流业与产业结构优化的比值反映物流业对产业结构优化的反馈程度。当响应系数 K 逐年递增时，可以理解为驱动效果增加。

（2）多元计量回归模型。通过对第 4 章现代物流业与产业结构优化的互动机理分析可知，产业结构优化会带动物流业基础条件支撑能力、经营主体运营能力、物流环境保障能力逐渐提高，从而高质量地推动物流业发展，为探析产业结构优化各指标对物流业驱动发展程度建立函数模型

$$Z_i=(F_1)^{c1}(F_2)^{c2}e^{\lambda_2} \tag{5.34}$$

式中 Z_i 表示物流业发展的三个水平：Z_1 表示物流业基础条件保障水平，用载货车辆数表示；Z_2 表示物流运营主体经营能力，用货运量表示；Z_3 表示物流环境保障能力，用物流能源消耗表示。F_1、F_2 分别表示影响物流业发展的相关因素 1 和因素 2。c_1、i_1 分别表示对应的弹性系数，λ_2 为其他干扰因素。由于非线性的存在对其取对数处理，得到多元回归模型

$$\ln Z_i=c_1\ln F_1+i_1\ln F_2+\lambda_2 \tag{5.35}$$

本书取对产业结构优化驱动物流业的因素 F 为外商直接投资额（WS）、大中型工业企业科技经费支出总额（DX）、R&D 经费投入（R&D）、科技工作人数（KJ）、工业产业规模度（GC）、非农就业人数比重（FN）、霍夫曼比例系数（HM）、第二产业增加值（DE）、第三产业增加值（DS）、高新技术产业产值（GX）、单位工业增加值废水排放量（DZ）、环保投入额（HT）。理论上产业结构优化驱动作用越大，物流业基础条件支撑能力、经营主体运营能力、物流环境保障能力等越强。

2. 数据来源

结合湖南省产业结构优化和物流业发展现状，为使研究物流业与产业结构优化两者之间的响应关系更直观、明显，选取湖南省 1992—2016 年的数据作为研究对象。考虑到数据来源与获取的局限性，针对各驱动物流业因素，本书选取了湖南省 2001 年至 2016 年的发展数据作为研究对象，数据选取的来源主要有《中国统计年鉴（2002—2017）》《湖南省统计年鉴（2002—2017）》、湖南省统计局网站、其他统计网站、相关市统计公报及其他统计资料。

3. 湖南省产业结构优化驱动物流业发展的时序特征

（1）时序演化规律。由图 5-7 可知，1992 年至 2016 年湖南省产业结构优化与物流业发展都取得了很大程度的进展，物流业对产业结构优化的响应整体呈现逐渐增强趋势。产业结构优化程度由 1992 年 67.18 个百分点取对数后为

4.20 增加到 2016 年的 88.66 个百分点取对数后为 4.48，年均增长率为 1.16 个百分点。物流业增加值由 1992 年 51.29 亿元取对数后为 1.71 增加到 2016 年的 1356.56 亿元取对数后为 3.13，年均增长率为 14.62 个百分点。湖南省产业结构优化稳步推进使物流业发展明显，对其驱动作用呈现不断提升趋势，如 1992 年的 0.935 提升到 1.608，年均提高 2.28 个百分点。响应系数的提升表明产业结构优化对物流业的发展驱动程度逐渐增强，在推动产业结构优化的同时，有针对性地提高了物流服务能力，对我国各省乃至各市区加快推进现代化建设具有重要意义。

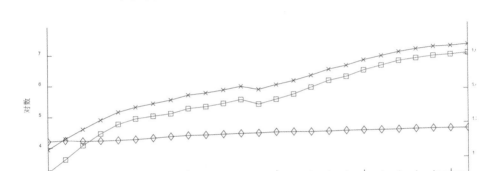

图 5-7 湖南省产业结构优化驱动物流业（1992—2016）

从图 5-7 可知，1992 年至 2016 年湖南省物流业响应系数整体呈现上升趋势，但在上升中存在明显急速上升和缓慢上升现象，其中还出现了响应系数递减现象。

5.4.4 湖南省产业结构优化驱动物流业发展的影响机制分析

1. 物流业基础条件支撑能力指标影响因素分析

由上文产业结构优化驱动物流业发展优化模型可知，需对各影响因素进行计量回归分析，以检验变量之间的合理性。由模型可知 F_1、F_2 量纲不统一，为消除量纲问题对其进行取对数处理。此外，为检验变量的合理性，还应对各变量进行计量回归分析。由表 5-30 中的回归结果可知，本书选取的驱动物流基础条件支撑能力的产业结构优化因素均在 1% 水平下显著，且各因素均与物流基础条件支撑能力有较高的相关性。这表明本书研究产业结构优化驱动物流基础条件支撑能力的指标选取具有一定的合理性，指标数据可用。所选取的 7 个变量中，第三产业增加值（DS）、高新技术产业增加值（GX）、R&D 经费投入（RD）、第二产业增加值（DE）、外商直接投资（WS）等与物流基础条件支撑能力的拟合系数分别为 0.90、0.89、0.88、0.87、0.869，表明物流基础条件支撑能力与此几项指标关系紧密，指标的变动能够影响物流基础条件支撑能力。非农就业人数比重（FN）、霍夫曼比例系数（HM）与物流基础条件支撑能力的拟合系数较低分别为 0.67 和 0.56，表明物流基础条件支撑能力与此两项指标关系相对较弱，指标的变动对物流基础条件支撑能力的影响相对较小。

表 5-30 产业结构驱动物流基础条件支撑能力分析

变量	lnWS	lnRD	lnFN	lnHM	lnDE	lnDS	lnGX
常数	2.23*** （14.52）	2.13*** （13.83）	−7.4*** （−3.57）	−7.99** （−2.90）	0.03 （0.08）	−0.47 （−1.28）	1.36*** （6.12）
lnY_1	0.39*** （9.65）	0.32*** （1.81）	2.79*** （5.33）	3.11*** （4.24）	0.428*** （9.52）	0.48*** （11.39）	0.28*** （10.56）
R^2	0.869	0.88	0.67	0.56	0.87	0.90	0.89
DW	1.58	1.82	0.64	0.65	1.52	1.93	1.88
F	93.27	105.19	28.43	18.01	90.58	129.79	111.55

资料来源：作者整理，其中 ***、**、* 分别表示在 1%、5%、10% 水平下显著；括号内为 t 统计值。

各影响因素驱动作用动态分析如下。

利用 Eviews8.0 对产业结构优化驱动物流基础条件支撑能力指标影响原理模型展开计量回归检验，从而研究不同的产业结构优化水平对物流业基础条件支撑能力所带来的整体影响。受目前统计数据限制，且各变量之间可能存在相关性，本书在此基础上对各驱动物流基础条件支撑能力的影响因素进行相关性分析，提取相关性较小的变量，选取双因素进行回归分析，研究其对物流基础条件支撑能力的驱动性。分别为外商直接投资和霍夫曼比例系数、R&D 经费投入和非农就业人数比重、工业产业规模度和高新技术增加值、非农就业人数比重和第二产业产值、霍夫曼比例系数和第三产业增加值等对物流基础条件支撑能力驱动作用，其计量回归如表 5-31 所示。

表 5-31　双因素对物流基础条件支撑能力的驱动性

变量	$\ln Y_1$	R^2	DW	F
常数	−0.50（−0.58）			
lnWS	0.43***（12.82）	0.93	2.29	83.17　（1）
lnHM	0.65***（3.22）			
常数	8.05**（2.85）			
lnRD	0.49***（5.99）	0.91	2.65	67.62　（2）
lnFN	−1.67*（−2.10）			
常数	4.58***（3.60）			
lnGC	−1.08**（−2.56）	0.92	2.62	81.30　（3）
lnGX	0.47***（6.19）			
常数	5.13*（1.93）			
lnFN	−1.75**（−1.93）	0.89	2.06	56.03　（4）
lnDE	0.65***（5.31）			
常数	−2.61**（−2.91）			
lnHM	0.48*（2.55）	0.93	2.45	93.6　（5）
lnDS	0.51***（13.6）			

资料来源：作者整理，其中 ***、**、* 分别表示在 1%、5%、10% 水平下显著；括号内为 t。

从模型（1）（2）（3）（4）（5）的回归结果可以看出，外商直接投资和霍夫曼比例系数、霍夫曼比例系数和第三产业增加值对物流基础条件支撑能力影响较大，其拟合系数 R^2 为 0.93。对于模型（1）而言，仅考虑此两种因素时，霍夫曼比例系数所代表的产业结构优化与外商直接投资额相比对物流基础条件支撑能力影响较大，其弹性系数为 0.65，且在 1% 水平下显著，而外商直接投资额对其弹性系数为 0.43，表明提高霍夫曼比例系数带动产业结构优化比提升外商直接投资额更能驱动物流基础条件的支撑能力。对于模型（2）而言，R&D 经费投入对物流基础条件支撑能力呈现正向驱动作用，其弹性系数为 0.49，而非农就业比重呈现负驱动作用，其弹性系数为 –1.67，可理解为当前非农就业人数的比例与科研经费的投入之间相对于物流基础条件保障能力的驱动效果已经达到一定的饱和，过度地增加非农就业人数可能会出现恶性竞争，导致对载货车辆数产生逆向驱动作用。对于模型（3）而言，高新技术产业增加值对物流基础条件支撑能力呈现正向驱动作用，其弹性系数为 0.47，而工业规模度对其呈现负向驱动其弹性系数为 –1.08，可理解为当前工业产业规模度与高新技术增加值之间相对物流基础条件保障能力的驱动效果已经达到一定的饱和，在当前高新技术增速情况下提升工业产业规模度会导致对载货车辆数产生逆向驱动作用。对于模型（4）而言，第二产业增加值对物流基础条件支撑能力呈现正向驱动作用，其弹性系数为 0.65，且在 1% 水平下显著，而非农就业比重对其呈现负向驱动，其弹性系数为 –1.75，可理解为当前非农就业比重与第二产业增加值之间相对物流基础条件保障能力的驱动效果已经达到一定的饱和，在当前第二产业增速情况下增加非农就业比重会导致对载货车辆数产生逆向驱动作用。对于模型（5）而言，第三产业增加值比霍夫曼比例系数更能驱动物流基础条件保障能力，其弹性系数为 0.51，且在 1% 水平下显著，霍夫曼比例系数对其弹性系数为 0.48，但显著水平在 10%。两者相差不大，表明第三产业越发达对载货车辆数需求量越大。

2. 物流业经营主体运营能力影响因素分析

由表 5–32 中的回归结果可知，本书选取产业结构优化驱动物流经营主体运营能力的因素均在 1% 水平下显著，且各因素均与物流经营主体运营能力有较高的相关性，这表明本书研究产业结构优化驱动物流经营主体运营能力的指标选取具有一定的合理性，指标数据可用。所选取的 6 个变量中，第二产业增加值（DE）、R&D 经费投入（RD）、外商直接投资（WS）、科技活动人员数（KJ）、单位工业增加值废水排放量（DZ）、环保投入额（HT）等与物流经营主体运营能力的拟合系数 R^2，分别为 0.99、0.98、0.97、0.97、0.96、0.95，均较高。这表明产业结构各因素的变化能够给物流业经营主体运营能力带来影响。

表5-32 产业结构优化驱动物流经营主体运营能力影响因素分析

变 量	lnWS	lnRD	lnKJ	lnDE	lnDZ	lnHT
常数	0.32*** （3.42）	0.18*** （2.84）	0.72*** （9.08）	−2.97*** （−39.85）	4.04*** （48.97）	1.07*** （12.51）
$\ln Y_2$	0.58*** （22.70）	0.47*** （36.13）	0.83*** （22.50）	0.63*** （72.96）	−0.5*** （−20.24）	0.38*** （16.94）
R^2	0.97	0.98	0.97	0.99	0.96	0.95
DW	1.06	1.50	0.88	2.30	1.28	1.15
F	515.60	1 305.94	506.48	5 323.9	260.8	287.13

各影响因素驱动作用动态分析如下。

利用 Eviews8.0 对产业结构优化驱动经营主体运营能力影响原理模型展开计量回归检验，从而研究不同的影响因子对物流业经营主体运营能力发展带来的整体影响。受目前统计数据限制，且由于各变量之间可能存在相关性，本书在对各驱动物流经营主体运营能力发展的各影响因素之间做相关性分析的基础上，提取相关性较小的变量，选取双因素做回归分析，研究其对物流经营主体运营能力的驱动性。选取的双因素分别为外商直接投资和科技活动人员数、科技活动人员数和单位工业增加值废水排放量、科技活动人员数和环保投入额、第二产业增加值和单位工业增加值废水排放量、单位工业增加值废水排放量和环保投入额等。其计量回归结果如表 5-33 所示。

表5-33 产业结构优化驱动经营主体运营能力回归分析

变 量	$\ln Y_1$	R^2	DW	F
常数	0.50***（4.27）			
lnWS	0.29**（2.24）	0.98	0.99	328.49 （1）
lnKJ	0.41***（2.17）			

续　表

变　量	$\ln Y_1$	R^2	DW	F
常数	2.11***（3.12）			
lnKJ	0.48***（2.86）	0.97	0.96	314.5　（2）
lnDZ	−0.22*（−2.07）			
常数	0.82***（10.4）			
lnKJ	0.54***（4.49）	0.98	1.24	350.8　（3）
lnHT	0.14**（2.49）			
常数	−4.03***（−6.9）			
LnDE	0.73***（13.8）	0.99	2.48	3 110.0　（4）
LnDZ	0.07*（1.82）			
常数	2.83***（6.47）			
LnDZ	−0.31***（−4.0）	0.97	1.32	309.55　（5）
LnHT	0.15***（2.80）			

资料来源：作者整理，其中 ***、**、* 分别表示在 1%、5%、10% 水平下显著；括号内为 t 统计值。

从模型（1）（2）（3）（4）（5）的回归结果可以看出，外商直接投资和科技活动人员数、科技活动人员数和单位工业增加值废水排放量、科技活动人员数和环保投入额、第二产业增加值和单位工业增加值废水排放量、单位工业增加值废水排放量和环保投入额对物流经营主体运营能力的影响都较大，其拟和系数 R^2 分别为 0.98、0.97、0.98、0.99、0.97。对于模型（1），科技活动人员数对物流经营主体运营能力的驱动作用较外商直接投资额大，其弹性系数为 0.41 在 1% 水平下显著，而外商直接投资额的弹性系数为 0.29，在 5% 水平下显著，两者均表现出了正向驱动，表明相比于外商投资带来的技术改进，科技人员的增加能够在货运量上带来更多的驱动效果。对于模型（2）而言，科技人员数对物流经营主体运营能力呈现正向驱动作用，其弹性系数为 0.48，而单位工业增加值废水排放量呈现负驱动作用，其弹性系数为 −0.22，可降低单位工业增加值废水排放量，能够有效驱动物流经营主体运营能力，其驱动效果不如增加科技人员数。对于模型（3），科技人员数对物流经营主体运营能力呈现正向驱动作用，其弹性系数为 0.54，且在 1% 水平下显著，环保投入额对其驱动作用较低，其弹性系数为 0.14，且在 5% 水平下显著，两者均表现了正向驱动，表明与环保投入相比，增加科技人员数更能够在货运量上带来更多的驱动效果。对于模型（4），第二产业增加值和单位工业增加值废水排放量对物流经营主体运营能力均呈现正向驱动作用，前者弹性系数为 0.73，在 1% 水平下显著，后者弹性系数为 0.07，在 10% 水平下显著，表明与工业增加值废水排放量相比，第二产业增加值更能对货运量产生驱动效应。对于模型（5）而言，环保投入额对物流经营主体运营能力呈现正向驱动作用，其弹性系数为 0.15，而单位工业废水排放量呈现负驱动作用，其弹性系数为 –0.31，表明降低单位工业增加值废水排放量，能够有效驱动物流经营主体运营能力，驱动效果较环保投入额强。

3. 物流业环境保障能力影响因素分析

由表 5-34 中的回归结果可知，本书选取的产业结构优化驱动物流环境保障能力的因素均在 1% 水平下显著，且各因素均与物流环境保障能力有较高的相关性。这表明本书研究产业结构驱动物流环境保障能力的指标选取具有一定的合理性，指标数据可用。所选取的 6 个变量中，大中型工业企业科技经费支出总额（DX）、R&D 经费投入额（RD）、高新技术产业增加值（GX）、外商直接投资（WS）、科技活动人员数（KJ）、环保投入额（HT）等因素与物流环境保障能力的拟合系数 R^2 分别为 0.99、0.99、0.99、0.98、0.98、0.98，均较高，表明产业结构各因素的变化能够给物流业环境保障能力带来影响。

表 5-34 产业结构优化驱动物流环境保障能力因素分析

变　量	lnWS	lnDX	lnRD	lnKJ	lnGX	lnHT
常数	5.49***（49.19）	5.17***（84.2）	5.3***（74.63）	6.03***（73.05）	3.75***（49.78）	10.6***150.75
$\ln Y_3$	0.79***（26.7）	0.66***（53.8）	0.65***（44.69）	1.14***（29.85）	0.56***（62.27）	–0.70***（–32.80）
R^2	0.98	0.99	0.99	0.98	0.99	0.98
DW	0.90	1.38	1.91	1.12	1.04	1.25
F	713.66	2 898.3	1 997.38	890.95	3 877.78	1 075.98

各影响因素驱动作用动态分析如下。

利用 Eviews8.0 对产业结构驱动物流环境保障能力影响原理模型开展计量回归检验，从而研究不同的影响因子对物流环境保障能力发展带来的整体影响。受目前统计数据限制，且由于各变量之间可能存在相关性，本书在对各驱动物流环境保障能力发展的各影响因素之间做相关性分析的基础上，提取相关性较小的变量，选取双因素做回归分析，研究其对物流环境保障能力的驱动性。选取的双因素分别为外商直接投资和大中型工业企业科技经费支出总额、大中型工业企业科研经费支出总额和 R&D 经费投入、大中型工业企业科技经费支出总额和高新技术总额、科技活动人员数和单位工业增加值废水排放量、高新技术总额和单位工业增加值废水排放量这 5 组变量，其计量回归结果如表 5-35 所示。

表 5-35　产业结构优化驱动物流环境保障能力回归分析

变　量	$\ln Y_1$	R^2	DW	F
常数	5.23***（95.78）			
lnWS	0.20**（2.88）	0.99	1.52	2 213.77 （1）
lnDX	0.49***（8.51）			
常数	5.21**（99.46）			
lnDX	0.39***（4.19）	0.99	2.13	2 189.49 （2）
lnRD	0.26***（2.85）			
常数	4.37***（33.45）			
lnDX	0.29***（5.07）	0.99	1.95	5 383.25 （3）
lnGX	0.31***（6.23）			
常数	8.47***（19.45）			
lnKJ	0.53***（4.91）	0.99	1.74	1 440.23 （4）
lnDZ	−0.38***（−5.63）			

变　量	$\ln Y_1$	R^2	DW	F
常数	5.20*** （6.47）			
lnGX	0.44*** （6.72）	0.99	1.06	2 257.37 （5）
lnDZ	−0.15*** （−1.8）			

从模型（1）（2）（3）（4）（5）的回归结果可以看出，外商直接投资和大中型工业企业科技经费支出总额、大中型工业企业科研经费支出总额和 R&D 经费投入、大中型工业企业科技经费支出总额和高新技术总额、科技活动人员数和单位工业增加值废水排放量、高新技术总额和单位工业增加值废水排放量与物流环境保障能力关系最紧密，其拟合系数 R^2 均为 0.99。对于模型（1），大中型工业企业科技经费支出总额与外商直接投资相比对物流环境保障能力的驱动性较大，其弹性系数为 0.49，且在 1% 水平下显著，外商直接投资对物流环境保障能力的弹性系数为 0.20。这表明比起外商直接投资，大中型企业科技经费支出在一定程度上更能驱动物流环境保障能力发展。对于模型（2）而言，大中型工业企业科技经费支出总额与 R&D 经费投入相比对物流环境保障能力的驱动性较大，其弹性系数为 0.39，且在 1% 水平下显著，R&D 经费投入对物流环境保障能力的驱动性相对较低，其弹性系数为 0.26，且在 1% 水平下显著。这表明工业企业科技经费投入提高比增加 R&D 经费投入更能驱动物流环境保障能力。对于模型（3）而言，考虑大中型工业企业科技经费支出总额与高新技术产业增加值对物流环境保障能力的驱动性，前者的弹性系数为 0.29，后者的弹性系数为 0.31，且均在 1% 水平下显著，后者稍微高于前者，表明大中型工业企业科技经费支出提高比增加高新技术产业值更有利于驱动物流保障保障能力。对于模型（4）而言，科技活动人员对物流环境保障能力呈现正向驱动作用，其弹性系数为 0.53，在 1% 水平下显著，而单位工业增加值废水排放量呈现负驱动作用，其弹性系数为 −0.38，表明降低单位工业增加值废水排放量能够有效驱动物流环境保障能力，但驱动效果仍略低于科技活动人员数。对于模型（5）而言，高新技术增加值对物流环境保障能力呈现正向驱动作用，其弹性系数为 0.44，在 1% 水平下显著，而单位工业增加值废水排放量呈现负驱

动作用，其弹性系数为 −0.15，表明降低单位工业增加值废水排放量能够有效驱动物流环境保障能力，但驱动效果仍略低于高新技术增加值。

4. 结论与讨论

（1）相关结论。本节在借鉴前人对相关问题的研究的基础上，运用相关研究方法引入产业结构物流响应测度模型，并构建产业结构驱动物流业发展的影响机制模型"，运用湖南省 1992—2016 年的相关数据，从产业结构驱动物流基础条件支撑能力、经营主体运营能力、物流环境保障能力三个层面探析产业结构优化各项发展指标对物流业发展的驱动过程和影响机制，并得到以下结论。

①产业结构物流响应的时序过程。1992—2016 年，湖南省产业结构优化驱动物流业响应系数整体上呈现上升趋势，产业结构优化对物流业的驱动作用越来越大。但随着物流业发展方向的侧重点不同，响应系数也出现了相应的变化，可大致看成三个阶段：1992—1996 年为响应系数急速上升阶段；1996—2004 年响应系数逐步上升，但在 2003 年到 2004 年出现稍微下降现象；2004—2016 年响应系数又呈现较大上升幅度，但相比第一阶段上升幅度较小。

②各影响因素对物流业基础条件支撑能力的作用差异。湖南省物流业基础条件支撑能力主要受到第三产业增加值、高新技术产业增加值、R&D 经费投入、第二产业增加值、外商直接投资、非农就业人数比重、霍夫曼比例系数等因素的影响。不同影响因素及考虑不同因素组合时，其对物流基础条件支撑能力的驱动程度不同，存在驱动程度增加或减弱的效果，政府部门可根据地区资源禀赋选择优先发展指标，以达到最大效果的驱动物流基础条件支撑能力。在单因素作用下，第三产业增加值对物流基础条件支撑能力拟合程度最高，但其驱动性相比较低。在双因素作用下，外商直接投资和霍夫曼比例系数、霍夫曼比例系数和第三产业增加值等与物流基础条件保障能力的拟合程度最高，各因素均呈现正向驱动效果。

③各影响因素对物流业经营主体运营能力的作用差异。湖南省物流业经营主体运营能力受第二产业增加值、R&D 经费投入、外商直接投资、科技活动人员数、单位工业增加值废水排放量、环保投入额等因素的影响。不同影响因素及考虑不同因素组合时，其对物流业经营主体运营能力的驱动程度不同，存在驱动程度增加或减弱的效果，政府部门可根据地区资源禀赋选择优先发展指标，以达到最大效果的驱动物流业经营主体运营能力发展。在单因素作用下，

第二产业增加值对物流业经营主体运营能力发展的拟合程度最高，但其驱动强度不如科技人员数。在双因素作用下，第二产业增加值和单位工业增加值废水排放量与物流业经营主体运营能力的拟合程度最高，为 0.99，且前者的驱动性比后者大。

④各影响因素对物流环境保障能力的作用差异。湖南省物流环境保障能力的发展受大中型工业企业科技经费支出总额、R&D 经费投入额、高新技术产业增加值、外商直接投资、科技活动人员数、环保投入额等因素的影响。不同影响因素及考虑不同因素组合时，其对物流环境保障能力的驱动程度不同，存在驱动程度增加或减弱的效果，政府部门可根据地区资源禀赋选择优先发展指标，以达到最大效果的驱动物流环境保障能力的发展。在单因素作用下，大中型工业企业科技经费支出总额、R&D 经费投入、高新技术产业增加值对物流环境保障能力的拟合程度最高，但科技活动人员数驱动性最强。在双因素作用下，大中型工业企业科技经费支出总额和高新技术产业增加值与物流环境保障能力的关系最紧密，且两因素的驱动效果相差不大。

（2）相关讨论。本节对湖南省产业结构优化对物流业的驱动强度进行实证分析，为了能够更直观地得出响应系数和弹性系数，仅对各指标进行简单的对数处理，此外对物流业基础条件支撑能力、经营主体运营能力、物流环境保障能力等指标选取的精确性有待进一步验证，后续还需对指标选取进行明确分析。本节仅从一项、两项物流业指标建立回归分析，研究对物流业的驱动性，后续还需进一步研究三项或四项等指标对物流业驱动性的大小。

第 6 章
现代物流业与新型城镇化互动实证研究

6.1 现代物流业与新型城镇化关联机制分析——以湖南省为例

6.1.1 湖南省新型城镇化与物流业关系界定分析

本研究以湖南省 1996—2015 年的年度数据研究分析新型城镇化建设与物流业发展之间的内在关联机制，数据主要来源于湖南省各年统计年鉴。在对大量已有相关文献进行研究的基础上，采用城镇化率及交通运输、仓储和邮政增加价值作为衡量湖南省新型城镇化建设水平及物流业发展水平的指标。城镇化率用字母 F 表示，交通运输、仓储和邮政业增加值用字母 WLZJ 表示。为消除这些原始数据可能存在的异方差影响，尽可能科学、准确地反映出数据间可能存在的关系，在运用数据前，将数据进行自然对数化处理，分别记为 $\ln F$ 和 $\ln$ WLZJ。。通过软件 Eview6.0 得到湖南省新型城镇化与物流业的关系，如图 6-1 所示。

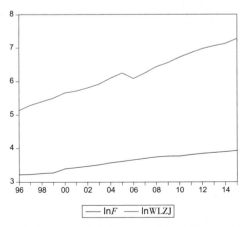

图 6-1　湖南省新型城镇化建设与物流业发展基本关系图

从图中我们可以看出，湖南省新型城镇化建设与物流业发展的走势相当一致，有着较强的相关性。但仅凭对上图的观察，还无法准确地证明两者之间的相关性关系。因此，为了进一步验证两者之间的因果关系，进行了格兰杰检验，检验结果如表6-1所示。

表6-1 格兰杰因果关系检验结果

Lags：5			
		F-Statisti	
无效假设：	Obs	c	Prob.
LNWLSJ 不是格兰杰因果导致的 LNF	15	4.75017	0.0782
LNF 不是格兰杰因果导致的 LNWLSJ		8.59585	0.0291

6.1.2　湖南省新型城镇化与物流业关系的模型构建与分析

1.模型简介

VAR 模型是向量自回归模型的简称，该模型的优点在于它不需要依赖经济学理论，以多方程联立形式为主，依据数据的统计性建立，操作简单便捷，是根据系统内能与所有内生变量的滞后值存在函数关系的内生变量进行回归模型的建立。其主要功能是可以验证若干变量是否存在关联性及相互间关联的程度和路径，科学地解释各种经济冲击对经济变量的影响。

VAR 模型的一般表达式为

$$P_t = \sum_{m=1} A_m Y_{t-p} + B_t e_t + \sum_{n=1} B_n X_{t-q} + p_t \quad, \quad t=1,\ 2,\ 3,\ \cdots,\ \mathrm{T} \qquad （6.1）$$

其中，Y_t 是 c 维内生变量序列，X_t 是 f 维外生变量序列，A_m 是内生变量 Y_t 的带估计参数，B_n 是外生变量 X_t 的带估计参数，p_t 为随机扰动向量。

2.模型的建立与实证分析

（1）单位根检验。因变量自回归模型要求统计变量具有稳定性，由 $\ln F$ 和 $\ln WLZJ$ 的关系时序图可以初步判定序列是不平稳的。为避免在计算过程中出现伪回归，应对统计数据进行平稳性检测。各变量的 ADF 检测结果如表 6-2 所示。

表 6-2 各变量的 ADF 检测结果

检测变量	ADF 检测值	1% 临界值	5% 临界值	10% 临界值	检测结果
$\ln F$	−1.169 592	−4.532 598	−3.673 616	−3.277 364	非平稳
$\ln F$ 一阶差分	−4.713 628	−4.571 559	−3.690 814	−3.286 909	平稳
$\ln WLZJ$	−2.943 417	−4.532 598	−3.673 616	−3.286 909	非平稳
$\ln WLZJ$ 一阶差分	−4.203 162	−4.616 209	−3.710 482	−3.297 799	平稳

从表 6-2 我们可以看到，$\ln F$ 和 $\ln WLZJ$ 的原始序列在 1%、5%、10% 的水平上的检测值都小于 ADF 值，存在单位根，表现出明显的不稳定性；但两者的一阶差分则在 5% 和 10% 的水平上没有单位根，显示出较强的稳定性和协整性。

（2）VAR 模型的建立。

根据前文对新型城镇化与物流业发展的 ADF 检测结果，得出两者满足一阶单整。因此，可将这两个变量引入 VAR 模型中，则存在 $P = (\ln F, \ln WLZJ)$。最优滞后期数一般是参照模型滞后长度标准以及 AIC、LR、SC 等信息准则，通过观察分析，确定该模型的最优滞后期数为 5。见表 6-3。

表 6-3 VAR 滞后期选择准则

Lag	LogL	LR	FPE	AIC	SC	HQ
0	18.15864	NA	0.000398	−2.154486	−2.060079	−2.155491
1	64.65863	74.39997	1.39e−06	−7.821150	−7.537930	−7.824167

续　表

Lag	LogL	LR	FPE	AIC	SC	HQ
2	65.27154	0.817214	2.28e−06	−7.369538	−6.897505	−7.374566
3	70.20762	5.265159	2.23e−06	−7.494350	−6.833503	−7.501389
4	79.52693	7.455448	1.36e−06	−8.203591	−7.353931	−8.212641
5	103.4389	12.75303*	1.48e−07*	−10.85851*	−9.820040*	−10.86958*

（3）协整检验。ADF 检测结果表明城镇化建设与物流业发展具有明显的稳定相关性及协整性，而 VAR 模型的建立还要对研究变量间的相关性及协整性是否具有长期的稳定均衡关系进行检测，协整检验法是用于该研究目的的有效工具。于是，本书采用约翰森协整检验法进行变量测验（表 6-4）。

表 6-4　约翰森协整检测结果

数据趋势	无	无	线性的	线性的	二次方的
测试类型	不拦截	拦截	拦截	拦截	拦截
	无趋势	无趋势	有趋势	无趋势	有趋势
描绘	1	1	1	2	2
最大值	1	1	1	2	2

从上表中我们可以看出，在可能存在的五种协整检测假设下，该向量自回归模型中至少存在一个协整变量，即证明湖南省新型城镇化建设与物流业发展之间具有长期稳定的均衡关系。经计算标准化的协整方程为 $\ln WLZJ = 8.95 \ln F - 35.08$，表明城镇化增加 1%，物流业相应增加 8.95%。

（4）模型分析。

检测结果显示新型城镇化建设与物流业发展存在显著的正相关联性。针对两者之间存在的关联机制，借助脉冲响应函数及方差分解进一步研究分析。

① 冲响应函数。脉冲响应函数能够清晰地反映出研究对象之间是如何进行相互影响的以及其影响渠道等，从而将研究变量之间的互动关系清楚地展示出

来。因此，本书在前文的基础上对新型城镇化与物流业进行了脉冲响应检测，借用 Eviews6.0 软件，检测结果如图 6-2 所示。

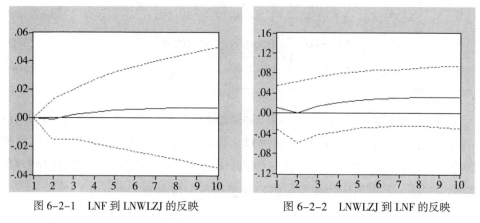

图 6-2-1   LNF 到 LNWLZJ 的反映   图 6-2-2   LNWLZJ 到 LNF 的反映

图 6-2   脉冲函数检测分析图

图 6-2-1 为湖南省新兴镇化进程对物流业发展冲击的反应图，湖南省城镇化建设受到物流业发展的冲击，由第一期的 0 逐渐呈现稳步上升趋势，表明随着物流业政策与环境的逐渐优化，物流业发展对新型城镇化建设的带动作用越来越大，第 6 期以后逐渐趋于稳定。图 6-2-2 为湖南省物流业发展对新型城镇化进程冲击的反应图。该图显示，湖南省物流业发展在受到新型城镇化建设的冲击后，短时间内表现出负向冲击作用，但这种冲击作用逐渐减弱直至第 2 期，之后变为正向带动作用，并且随着新型城镇化进程的不断加速，物流业的发展也在不断加快，于第 7 期以后逐渐呈现稳定趋势。

综上所述，湖南省城镇化建设与物流业发展之间具有明显的相互促进关系，同时新型城镇化构建对物流业发展的带动作用更明显一些。从某种程度上说，在物流业发展速度加快的前提下，新型城镇化的构建还没有达到最优，这与湖南省的实际状况是吻合的。

②方差分解分析。脉冲响应函数是研究内生变量在受到冲击后，对其他内生变量的影响以及各变量对冲击的响应。而方差分解则是进一步评价各个内生变量对冲击影响的贡献率。对 VAR 模型中的两个变量进行方差分解检测，借用 Eviews6.0 软件，检测结果如图 6-3 所示。

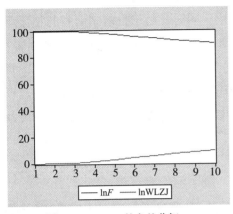

图 6-3-1　LNF 的方差分解

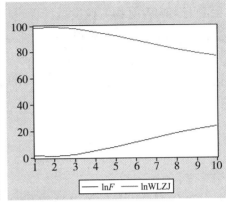

图 6-3-2　LNWLZJ 的方差分解

图 6-3　方差分析结果

在图 6-3-1 给出的 lnF 方差分解中，内生变量对湖南省新型城镇化建设的促进作用在 80% 以上，物流业的发展程度在第 6 期以后对城镇化建设的促进作用在 5% 以上，之后保持稳中有升的趋势。从图 6-3-1 中我们可以看出，物流业对新型城镇化建设的作用短时间内不是非常明显，但就长期而言，从第 4 期开始，物流业发展对新型城镇化的作用越来越显著。在图 6-3-2 给出的 lnWLZJ 方差分解中，内生变量对湖南省物流业发展的促进作用在 70% 以上，新型城镇化建设对物流业发展的作用刚开始不是很明显，但随着新型城镇化水平不断提升，其带动物流业发展的能力明显增强，从第 3 期开始，呈逐年上升趋势。该方差分解结果图表明，湖南省新型城镇化与物流业的发展正相关性随时间的推移，呈逐渐加强趋势。

6.1.3　结果分析

本研究通过构建向量自回归模型，研究湖南省新型城镇化建设与物流业发展二者的关联机制。并运用 ADF 检验、协整检验、脉冲响应检验及方差分解检验等方法，对关联机制进行定量分析与研究，得到结论如下。

湖南省新型城镇化建设与物流业发展二者存在显著的正相关性，且正相关性随着经济的发展与进步呈稳步上升趋势。就现阶段而言，湖南省新型城镇化率只有 50.89%，低于全国平均水平 56.1%，且城镇化水平比较低，对经济发展的贡献小；城镇规模偏小，体制机制不完善，导致竞争力及带动力较弱，在一定程度上影响着对物流业发展的促进作用。同时，由于目前湖南省的物流业发展尚在起步阶段，专业化程度较低、基础设施不完善、创新性投入不够等原因，相互贡献率不到 20%。研究结果表明，湖南省的新型城镇化对物流业发展的贡献度更大一些。如何进一步加快二者的带动作用，加快湖南省新型城镇化建设及现代物流业的发展，从而更好地带动湖南省经济进步，需要从城镇化建设及物流业发展两方面着手。[①]

6.2　现代物流业与新型城镇化互动关系研究——以广东省为例

6.2.1　模型设定

VAR 模型是一种动态联立方程模型，它克服了传统联立方程模型受制于经济理论不完善而带来的诸如内生变量和外生变量的划分、估计和推断等复杂的问题。VAR（p）模型的数学表达式为：

$$y_\mu = \varphi_1 y_{\mu-1} + \cdots + \varphi_k y_{\mu-k} + Jx_\mu + \theta_\mu \qquad \mu = 1,2,\cdots, U \qquad （式6.2）$$

这里的 y_μ 是 s 维内生变量的列向量，x_μ 是 e 维外生变量的列向量，p 是滞后阶数 U 是样本个数，$s \times s$ 维矩阵 $\varphi_1, \cdots, \varphi_k$ 和 $s \times e$ 维矩阵 U 是待估计的系数矩阵。θ_μ 是 s 维扰动列向量，他们相互之间可以同期相关，但不与自己的滞后值相关且不与等式右边的变量相关，假设 Σ 是 θ_μ 的协方差矩阵，是一个（$s \times s$）的正定矩阵。一般称式（6.2）为非限制性向量自回归模型（unrestricted VAR）。但一般考虑的 VAR 模型都是不含常数项的非限制向量自回归模型，即

$$y_\mu = \varphi_1 y_{\mu-1} + \cdots + \varphi_k y_{\mu-k} + \theta_\mu \qquad （式6.3）$$

---

① 魏国芳，曹梅娟.城市化对老年人生活质量影响的研究进展与展望[J].护理学报，2015(3): 27-29.

关于 VAR 模型的相关特征及理论概述，在本书 5.2 中有详细介绍，此处将不再重复介绍。

6.2.2　指标选取及数据来源

1. 指标选取

（1）物流业指标。目前，物流业发展的相关数据在进行系统汇编时，有部分数据缺失，而且专门的物流统计年鉴数据资料年数较少，不具有代表性。因此，结合实际和现有文献，从数据的代表性、科学性与可得性出发，选取第三产业中的交通运输、仓储及邮政业指标的产值（J）衡量物流业的发展情况。

（2）城镇化指标。目前衡量城镇化发展水平用得比较多的指标是城镇化率，城镇化率 = 城镇人口 / 总人口，而新型城镇化包含了经济、社会、空间、人口等方面内容，仅用人口这一单一指标来衡量并不全面，因此，本书选取非农人口占总人口比重（M1）、城镇 GDP（M2）、第二三产业产值所占比重（M3）、城镇人口密度（M4）作为衡量人口、经济、社会、空间城镇化的指标。

2. 数据来源及处理

本书选取了新型城镇化与物流业都比较发达的广东省为例进行研究，由于 VAR 模型要求使用大样本，通过查阅广东省统计局数据库及统计年鉴获得其 1978—2014 年的统计数据。首先采取对所有数值取自然对数的方式消除异方差，分别记为 LJ、LM1、LM2、LM3、LM4，然后通过 Eviews6.0 软件构建物流业与新型城镇化的 VAR 模型，通过 ADF 检验、稳定性检验并运用脉冲响应函数与方差分解分析二者的动态关系。

6.2.3　现代物流业与新型城镇化互动关系测度

1. ADF 检验

为确定变量的平稳性，避免"伪回归"现象的发生，采用了 ADF 检验法。通过 Eviews6.0 对所有变量进行单位根检验，以确定其平稳性，分别对原变量、变量的一阶差分进行检验，其结果如表 6-5 所示。

表6-5　ADF 检验结果

变量	检验形式	ADF	5% 临界值	1% 临界值	10% 临界值	结论
LJ	$(c,\ t,\ 0)$	-0.068 684	-3.540 328	-4.234 972	-3.202 445	不平稳
D(LJ)	$(c,\ t,\ 0)$	-5.132 982	-3.544 284	-4.234 972	-3.202 445	平稳
LM1	$(c,\ t,\ 0)$	-1.701 940	-3.540 328	-4.234 972	-3.202 445	不平稳
D(LM1)	$(c,\ t,\ 0)$	-4.003 870	-3.544 284	-4.243 644	-3.204 699	平稳
LM2	$(c,\ t,\ 0)$	0.034 585	-3.540 328	-4.234 972	-3.202 445	不平稳
D(LM2)	$(c,\ t,\ 0)$	-3.596 919	-3.544 284	-4.243 644	-3.204 699	平稳
LM3	$(c,\ t,\ 1)$	-0.608 712	-3.544 284	-4.243 644	-3.204 699	不平稳
D(LM3)	$(c,\ t,\ 1)$	-3.835 663	-3.548 490	-4.252 879	-3.207 094	平稳
LM4	$(c,\ t,\ 0)$	-1.398 731	-3.540 328	-4.234 972	-3.202 445	不平稳
D（LM4）	$(c,\ t,\ 0)$	-4.179 328	-3.540 328	4.234 972	-3.202 445	平稳

由表6-5可知，LJ、LM1、LM2、LM3、LM4 原序列的 ADF 检验值均大于10% 显著水平下的临界值，所以为不平稳序列，但通过一阶差分处理，D（LJ）、D（LM1）、D（LM2）、D（LM3）、D（LM4）的 ADF 检验值均小于5% 显著水平下的临界值，呈现平稳状态，因此，各变量属于一阶单整序列，符合构建 VAR 模型的条件。

2. 确定最佳滞后期

一般情况下，解释变量与因变量间的因果关系不会发生于同一时期，通常会有时间滞后，即解释变量要经过一段时间的滞后才会作用于因变量。因而建立 VAR 模型之前要首先确定最佳滞后期 K，可以通过表6-6来判断：LR（似然比检验）、AIC 信息准则、HQ 信息准则，FPE 准则一致显示，最佳滞后期为4，表里标"*"的数据表示最佳阶数。

表 6-6 VAR 模型最优滞后期选择标准

Lag	LogL	LR	FPE	AIC	SC	HQ
0	319.1712	NA	2.04e-15	-19.63570	-19.40668*	-19.55979
1	340.9835	35.44500	2.55e-15	-19.43647	-18.06234	-18.98099
2	372.7775	41.72956	1.89e-15	-19.86109	-17.34186	-19.02604
3	399.6041	26.82664	2.38e-15	-19.97526	-16.31092	-18.76063
4	456.7791	39.30781*	7.14e-16*	-21.98619*	-17.17675	-20.39200*

3. VAR 模型估计

根据模型参数估计结果建立矩阵方程如下式所示。

$$
\begin{bmatrix} dLJ \\ dLM1 \\ dLM2 \\ dLM3 \\ dLM4 \end{bmatrix} =
\begin{bmatrix}
-0.183193 & -1.020732 & 0.376973 & 4.283928 & 1.072810 \\
0.118971 & 1.133331 & -0.098990 & 0.995095 & -0.385532 \\
-0.140694 & 1.389496 & 0.284476 & 4.104298 & -0.563306 \\
0.006812 & -0.161258 & -0.007121 & 0.178768 & 0.245758 \\
-0.013571 & 1.050177 & -0.086164 & 1.329388 & -0.373743
\end{bmatrix}
\begin{bmatrix} dLJ_{t-1} \\ dLM1_{t-1} \\ dLM2_{t-1} \\ dLM3_{t-1} \\ dLM4_{t-1} \end{bmatrix}
$$

$$
+
\begin{bmatrix}
-0.216592 & -2.268518 & 0.566775 & 2.010062 & -0.064187 \\
0.164048 & -0.315857 & -0.229986 & -1.489458 & 0.721382 \\
-0.067901 & -0.041726 & -0.070115 & 0.212729 & 0.013564 \\
0.095131 & 0.813500 & -0.209876 & 0.499316 & 1.204758 \\
0.128870 & -0.297024 & -0.178045 & 0.702656 & 0.711657
\end{bmatrix}
\begin{bmatrix} dLJ_{t-2} \\ dLM1_{t-2} \\ dLM2_{t-2} \\ dLM3_{t-2} \\ dLM4_{t-2} \end{bmatrix}
$$

$$
+
\begin{bmatrix}
0.140384 & 1.234482 & 0.704538 & -2.172073 & -2.008616 \\
-0.053044 & -3.509782 & 0.314238 & -0.156128 & 2.917236 \\
-0.005995 & -4.717616 & 0.787782 & -0.380669 & 3.329174 \\
0.012280 & -0.104079 & 0.051844 & -0.164408 & 0.001696 \\
-0.078849 & -3.908385 & 0.418070 & 0.048773 & 3.039177
\end{bmatrix}
\begin{bmatrix} dLJ_{t-3} \\ dLM1_{t-3} \\ dLM2_{t-3} \\ dLM3_{t-3} \\ dLM4_{t-3} \end{bmatrix}
$$

$$
+
\begin{bmatrix}
0.256802 & 0.163979 & -0.378668 & -0.694935 & 1.014131 \\
0.111885 & 3.182810 & -0.644587 & 0.004758 & 0.525762 \\
0.234179 & 6.769874 & -0.723873 & -0.170522 & -0.250569 \\
0.034882 & 0.744356 & -0.053110 & -0.308156 & -0.174444 \\
0.108358 & 2.921679 & -0.513393 & -0.291758 & 0.731120
\end{bmatrix}
\begin{bmatrix} dLJ_{t-4} \\ dLM1_{t-4} \\ dLM2_{t-4} \\ dLM3_{t-4} \\ dLM4_{t-4} \end{bmatrix}
+
\begin{bmatrix} -0.019272 \\ 0.042370 \\ 0.147825 \\ 0.007559 \\ 0.036409 \end{bmatrix}
$$

（6.4）

其中，5 个方程的拟合优度分别为

$R^2 dLH = 0.912\,746$; $R^2 dLM1 = 0.844\,961$; $R^2 dLM2 = 0.911\,825$;

$R^2 dLM3 = 0.813\,193$; $R^2 dLM4 = 0.817\,341$

调整之后的拟合优度平均保持在 60% 以上。F 检验统计量分别为：

$FdLH = 5.753\,414$; $FdLM1 = 2.997\,498$; $FdLM2 = 5.687\,625$;

$FdLM3 = 2.394\,211$; $FdLM4 = 2.461\,077$

通过调整前的拟合优度、调整后的拟合优度及 F 检验统计量，发现五个方程的拟合程度均比较高，说明方程有比较满意的统计结果。

由 VAR 方程可知，滞后 1~3 期，人口城镇化系数不断增大为 1.234 482，到第 4 期递减为 0.163 979，说明物流产业吸引了高素质人才及劳动力的聚集，二者相互促进，当人口到一定规模则会出现反向作用；经济城镇化和空间城镇化的系数则一直保持上升状态，说明经济城镇化和空间城镇化对物流业的影响是持续且长期的。而物流业对城镇化的促进作用十分明显，滞后 1 期物流业对新型城镇化的促进作用很微弱，甚至有些影响系数为负数，到滞后 4 期，物流业对新型城镇化的影响系数分别增加为 0.111 885，0.234 179，0.034 882，0.108358，说明物流业带动城镇化的发展是一个长期的过程。物流业通过转移劳动力、吸引高素质人才促进人口城镇化；通过专业化分工提高资源利用率和生产效率，促进二、三产业的结构优化，促进社会城镇化。产业的集聚带动了城镇交通，基础设施、金融中介等的建设促进了城镇经济的发展，拓宽了区域空间结构，不断优化城市空间布局。

4.模型的稳定性检验

VAR 模型建立之后，需检验其稳定性，一般采用 AR Roots Table/Graph（AR 根图表）方法。其判断准则为，如果被估计的模型的所有特征根的倒数全部小于 1，即全部落在单位圆内，则说明模型是稳定的；反之不稳定。运用 Eviews6.0 软件对 VAR 模型进行检验，输出结果如图 6-4 所示，所有 AR 特征根的倒数全都位于单位圆内，说明建立的 VAR 模型是稳定的，可以继续对其进行脉冲响应分析和方差分解分析。

5.脉冲响应函数与方差分解分析

（1）脉冲响应函数。VAR 模型是非结构化的且为多方程模型，因而在分析时不考虑其变量间的相互影响，只分析一个随机误差项在产生波动时对整体产生的动态影响，该方法即脉冲响应函数分析法。

分别给 LH、LM1、LM2、LM3、LM4 一个冲击，得到相应的脉冲响应图，如图 6-5 所示。

AR 特征多项式的逆根

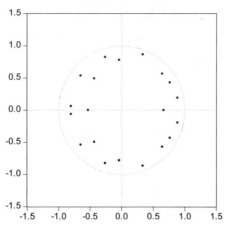

图 6-4　平稳性检验

对 Cholesky One S. D. 创新驱动力的反映 +-2S. E.

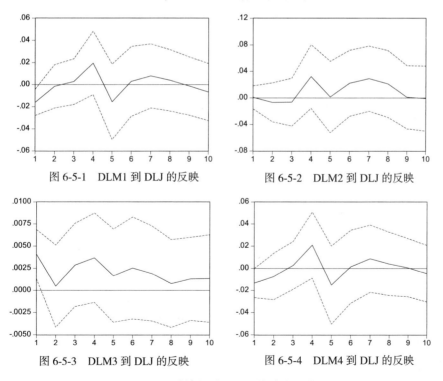

图 6-5-1　DLM1 到 DLJ 的反映　　　　图 6-5-2　DLM2 到 DLJ 的反映

图 6-5-3　DLM3 到 DLJ 的反映　　　　图 6-5-4　DLM4 到 DLJ 的反映

图 6-5　城镇化对物流业的冲击反应

　　由图 6-5 可知，给物流业一个标准差正向冲击，经济和社会城镇化均呈现正效应，物流业通过专业化分工及政策支持，促进产业和地区间要素的流动和共享，不断优化产业结构，从而加速经济和社会城镇化的进程。而人口城镇化和空间城镇化刚开始均呈现正向变化，在滞后 7 期后开始呈微弱的负向变化，但在滞后 10 期时的累积冲击反应为正，说明物流业对城镇化的带动作用具有持久性。在互动演进过程中，由于人口的大规模聚集，导致城镇空间狭小拥堵，降低了整体发展效率，对城镇化的发展具有一定的阻碍作用，因而在二者发展的过程中要找准平衡点，以保证其互动、协调发展。

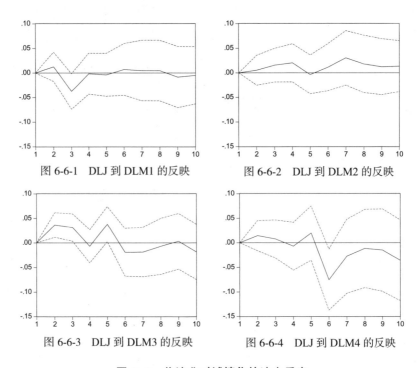

图 6-6-1　DLJ 到 DLM1 的反映　　　　图 6-6-2　DLJ 到 DLM2 的反映

图 6-6-3　DLJ 到 DLM3 的反映　　　　图 6-6-4　DLJ 到 DLM4 的反映

图 6-6　物流业对城镇化的冲击反应

　　图 6-6 是物流业对城镇化的冲击反应，在滞后的 1~5 期中，整体呈现微弱的负向变化，但在滞后 5 期开始，呈现明显的正效应，其累积效应在最后的滞后期大体呈现正值，说明城镇化对物流业的作用过程是长期且持续的。城镇化通过为物流业的发展提供资本、技术、政策支持、市场需求、完善的基础设施

和制度文化环境等基础性要素，成为物流业不断发展壮大的强有力的支撑。

（2）方差分解分析。脉冲响应函数是追踪系统对一个变量的冲击效果，而方差分解是将系统的均方误差分解成系统中各变量的随机冲击所做的贡献，再计算出每一个变量冲击的相对重要性，即变量冲击的贡献占总贡献的比[①]，对各变量的方差分解结果如图 6-7 所示。从图中可以看出，空间、经济城镇化对于物流业发展的贡献率逐渐增大，空间城镇化在滞后 6 期时达到峰值，人口、社会城镇化对物流业的贡献率呈现出先增大后变小的趋势，二者均在滞后 3 期达到峰值，分别为 17.32%、25.59%。社会城镇化对物流业的贡献作用比较突出，产业结构的不断优化升级促进产业和地区间的互动，形成的外部效应和溢出效应反过来促进物流业的发展。而对于新型城镇化而言，物流业的整体贡献程度较高，对人口城镇化和空间城镇化的方差分解分析显示，物流业是除了二者本身之外对其发展贡献排第二位的，占比分别为 15.17% 和 14.94%。而对于社会城镇化而言，除了自身影响之外，物流业发展对其贡献最大，占 25.27%。物流业对经济城镇化的贡献率呈明显的上升趋势，在滞后 5 期时达到最大值为 15.20%，与物流业与新型城镇化脉冲响应分析结果基本一致。

---

① 李程骅 . 科学发展观指导下的新型城镇化战略 [J]. 求是，2012(14)：35-37.

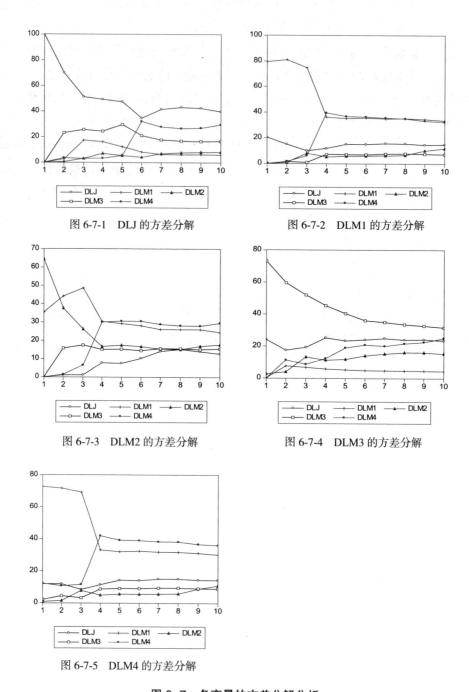

图 6-7-1　DLJ 的方差分解

图 6-7-2　DLM1 的方差分解

图 6-7-3　DLM2 的方差分解

图 6-7-4　DLM3 的方差分解

图 6-7-5　DLM4 的方差分解

图 6-7　各变量的方差分解分析

6.2.4　结果分析

采用 VAR 模型对广东省 1978—2014 年近 40 年的数据进行研究发现结果如下。

（1）新型城镇化与物流业之间是紧密相连的，二者相互促进，共同发展。一方面，物流业通过产业集聚、专业化分工、政府政策及物流产业园和开发区建设转移劳动力，带动二、三产业协调发展、优化城市空间布局并最终形成规模经济效应和溢出效应等促进新型城镇化的发展；另一方面，新型城镇化为物流业的发展提供了资本和技术支撑、完善的基础设施和制度文化环境、市场需求和条件等软、硬件条件，成为物流业发展的强大引擎。

（2）通过 ADF 检验、模型平稳性检验、脉冲响应与方差分解分析等定量方法，考察了物流业与新型城镇化互动演化过程中的具体情况。结果显示，物流业与新型城镇化之间的互动发展是长期且持续的。其中社会城镇化对物流业的贡献较显著，在未来的发展中应重视社会城镇化与物流业的互动，而对于人口、空间城镇化，只有注重其发展中的平衡点，才能将互动作用发挥到极致，其中经济城镇化对物流业的影响一直都是正向且持续的，在以后的发展中除了继续保持外，还应采取相应措施，加大促进力度。

6.3　现代物流业与新型城镇化耦合发展模式研究

6.3.1　方法与模型概述

1. 相关分析与回归分析

相关分析是研究变量间是否存在相关关系、变量间关系密切程度的一种统计方法。相关分析按变量之间是否具有明确的关系而分为两类：第一类是自变量与因变量之间具有明确关系的，因为变量之间的关系已经确定了，所以要研究变量之间关系程度的分析方法，包含回归分析、敏感性分析、时间序列分析等；第二类是变量之间没有确定的因果关系的，只研究相关变量之间是否具有相关关系、相关关系方向与关系密切程度的分析方法，如因子分析。相关分析主要用相关系数（coefficient of correlation）表示两变量之间的相关密切程度的大小，相关系数在 –1~1 之间取值。正数表示变量为正相关，且数值越大表示变量相关性越大；负数表示变量为负相关。

回归分析在统计学中是一种确定两个或多个变量之间互相依赖程度的统计分析方法。按涉及的变量个数分为一元与多元回归分析，按因变量的个数分为简单与多重回归分析，按因变量与自变量之间的关系可分为线性与非线性回归分析。回归分析的重点在于衡量变量间的数量关系，常用数学模型确定自变量与因变量之间的关系并确定两变量之间数量关系的大小。

2. 耦合协调度模型概述

新型城镇化与现代物流业是两个既独立独立又相互影响的有机系统，新型城镇化与现代物流业的耦合性是伴随着两个系统而一直存在的。耦合是指相互依赖、协调与促进的两个或两个以上的系统彼此影响并联合的一种动态关联关系。新型城镇化与现代物流业两个系统的动态关联关系，称为"新型城镇化—现代物流业"耦合。耦合度模型是对两者系统的指标之间的协同作用进行度量，判定它们之间的协同关系。在耦合度模型中，如果指标的数值大，表示耦合度的协调性强，那么该指标称为正效应指标；反之则称为负效应指标。耦合度模型的建立首先需要确定其功效函数，依据物理学中的经典功效函数，在此确定其功效函数为

$$x_{ij} = \begin{cases} (X_{ij} - \beta_{ij}) / (\alpha_{ij} - \beta_{ij}), x_{ij}\text{具有正功效} \\ (\alpha_{ij} - X_{ij}) / (\alpha_{ij} - \beta_{ij}), x_{ij}\text{具有负功效} \end{cases} \quad (6.5)$$

$$U_i = \sum_{j=1}^{m} \lambda_{ij} x_{ij} \quad (i=1,2; j=1,2,...,m) \quad (6.6)$$

$$\sum_{j=1}^{m} \lambda_{ij} = 1 \quad (i=1,2; j=1,2,...,m) \quad (6.7)$$

其中，X_{ij}（i =1，2；j =1，2，…，n）为第 i 个子系统的第 j 个指标，α_{ij}、β_{ij} 是系统稳定临界点指标的上、下限值。作为系统的功效函数 $x_{ij} \in [0，1]$，表示指标的满意程度，0 为最不满意，1 为最满意。U_1 和 U_2 分别代表新型城镇化和现代物流业各自的评价指数，λ_{ij} 为各指标的权重。

耦合度 C 的函数表达式为

$$C = \sqrt{U_1 \times U_2} / (U_1 + U_2) \quad (6.8)$$

新型城镇化与现代物流业的耦合互动发展阶段分为六个：当 $C=0$ 时，表示几乎无耦合度，为无关状态；当 $0 < C \leq 0.3$ 时，为低水平耦合阶段；当 $0.3 < C \leq 0.5$ 时，为耦合颉颃阶段；当 $0.5 < C \leq 0.8$ 时，为耦合磨合阶段；当 $0.8 < C < 1$ 时，为耦合共振阶段，表示两者将向着新的有序结构发展。

由于新型城镇化与现代物流业具有相互交错、动态和不平衡的特性，仅依据耦合度还难以推断出新型城镇化与现代物流业互动的整体功效与协同效应。因此，为评判新型城镇化与现代物流业两者系统耦合的协调程度，还需构造综合协调指数与耦合协调度的函数模型

$$T = A \times U_1 + B \times U_2 \qquad\qquad （模型 6.9）$$

$$D = \sqrt{C \times T} \qquad\qquad （模型 6.10）$$

T 为新型城镇化与现代物流业的综合协调指数，$T \in （0，1）$，A、B 为待定参数，鉴于二者在目前发展中的重要性是同等重要的，因此 A、B 取值均为 0.5。D 为耦合协调度，$D \in （0，1）$，耦合协调度分为四个阶段：$D \in （0，0.3]$ 为低度协调阶段；$D \in （0.3，0.5]$ 为中度协调阶段；$D \in （0.5，0.8]$ 为高度协调阶段；$D \in （0.8，1）$ 为极度协调阶段。

依据新型城镇化与现代物流业的内涵与特征，按照科学合理性、整体层次性的原则，建立了新型城镇化与现代物流业耦合发展的评价指标体系。在确定指标体系的权重的时，引入 Shannon 的熵值思想，各指标的权重确定采用熵值赋权法。由于这是一种在决策者优先决定的权重基础上再运用熵值技术统一修正权重的方法，因此很大程度上避免了主观性的影响。计算步骤为：首先对指标作比重变换 $s_j = x_{ij} / \sum_{i-1}^{n} x_{ij}$；然后计算熵值 $h_j = -\sum_{i=1}^{n} s_{ij} \times L_n S_{ij}$；在此基础上得到熵值的信息效用价值 $\alpha_j = 1 - h_j$（$j = 1，2，\cdots p$）；最后得到指标 x_j 的熵权：$w_j = \alpha_j / \sum_{j=1}^{p} \alpha_j$ 式中，x_j 为样本 i 的第 j 个指标的数值（$i = 1，2，\cdots n$；$j = 1，2，\cdots，p$），n 和 p 分别为样本与指标个数。

6.3.2　评价指标体系构建

测度现代物流业与新型城镇化的耦合互动关系，首先需要分别对现代物流业与新型城镇化进行量化评价，而现代物流业与新型城镇化的指标众多，基于两者的耦合互动机理分析并参照现有研究，本书拟构建现代物流业与新型城镇

化的评价体系测量两者耦合发展水平，逐一测度二者的发展水平，构建评价指标体系主要遵照以下原则：

（1）整体性原则。在指标的选取中，需从整体性的角度出发，考虑研究指标之间的内在联系，既要避免遗漏，又要保证不能重复。

（2）科学性原则。指标的选取严格按照官方统计的具有代表性和研究价值且有现实意义的真实数据作为数据源，并结合前文对产业结构优化和区域物流能力的概念分析及互动机理分析设计评价指标体系。

（3）可操作性原则。用于实证分析的数据由于受到数据缺失及统计口径不一等的限制，很难确保其全面、科学。因此需保证所构建的评价指标体系既能兼顾科学性和可得性，又能最大程度上真实反映研究对象。

（4）逻辑性原则。为保证指标体系的逻辑性，体系设计遵照层层递进的方式进行分层。

基于以上原则，本书构建的现代物流业与新型城镇化系统的评价指标体系如表6-7所示。

表6-7　新型城镇化与现代物流业系统耦合发展评价指标体系

系　统	一级指标	二级指标	单　位
新型城镇化系统	人口城镇化	人口城镇化率	%
	社会城镇化	城镇居民人均可支配收入	元
		社会固定资产投资总额	亿元
	经济城镇化	人均GDP	元
		非农业产值占GDP之比	%
	空间城镇化	城镇人均住宅建筑面积	平方米
		城镇园林绿地面积	公顷
现代物流业系统	物流运输量	民航运输量	万吨
		铁路运输量	万吨
		公路运输量	万吨
		水运运输量	万吨

续 表

系 统	一级指标	二级指标	单 位
现代物流业系统	物流供求情况	货物总周转量	亿吨 / 公里
		城镇进出口贸易总额	亿美元
	物流效益分析	城镇物流从业人数	人
		现代物流业产值占 GDP 比例	%

新型城镇化的评价指标体系构建主要考虑了人口城镇化、社会城镇化、经济城镇化、空间城镇化四个方面。我国新型城镇化目前就是指人口、社会、经济、空间城镇化，因此，用这四个方面的评价指标已能够很好地描述新型城镇化的建设进程了。现代物流业的指标体系构建主要考虑了物流运输量、物流供求情况与物流效益分析三个方面。

6.3.3 数据来源与权重计算

本书数据来源于 2008—2014 年《长沙统计年鉴》。由于选取的 15 个指标均是数值越大，协调性越强，因此都作为正效应指标类型予以计算。而协调度计算中的参数 a、b 的取值前文已做说明，均取值为 0.5。根据本书"新型城镇化—现代物流业"系统指标体系，在熵值赋权法的计算中，指标数 p 统一取值为 15。根据上述数据处理与权重计算，可得到长沙市新型城镇化与现代物流业系统耦合发展的指标权重数值。如表 6-8 所示。

表 6-8 新型城镇化与现代物流业系统耦合发展综合测度指标权重

名称	一级指标	二级指标	2008	2009	2010	2011	2012	2013	2014
新型城镇化系统	人口城镇化	人口城镇化率	0.013 08	0.014 70	0.020 67	0.021 61	0.022 66	0.024 0	0.026 15
	社会城镇化	城镇居民人均可支配收入	0.013 72	0.015 63	0.017 46	0.020 22	0.023 16	0.025 09	0.027 43
		社会固定资产投资总额	0.013 84	0.016 05	0.018 96	0.020 20	0.022 14	0.024 40	0.027 67

续　表

名称	一级指标	二级指标	2008	2009	2010	2011	2012	2013	2014
新型城镇化系统	经济城镇化	人均 GDP	0.013 64	0.015 14	0.017 47	0.020 59	0.023 05	0.025 35	0.027 28
		非农业产值占 GDP 之比	0.012 48	0.016 15	0.020 31	0.021 51	0.023 37	0.024 47	0.024 96
	空间城镇化	城镇人均住宅建筑面积	0.015 41	0.016 34	0.017 42	0.018 42	0.018 11	0.025 51	0.030 82
		城镇园林绿地面积	0.013 55	0.015 97	0.018 51	0.021 75	0.022 32	0.024 07	0.027 09
	物流运输量	民航运输量	0.010 92	0.014 23	0.019 21	0.020 18	0.019 07	0.020 45	0.021 83
		铁路运输量	0.019 99	0.018 28	0.020 85	0.022 28	0.018 00	0.015 71	0.011 14
		公路运输量	0.011 77	0.015 01	0.016 13	0.018 51	0.019 79	0.021 20	0.023 53
		水运运输量	0.009 62	0.013 93	0.022 98	0.025 05	0.013 91	0.019 24	0.018 39
现代物流业系统	物流供求情况	货物总周转量	0.011 66	0.013 95	0.016 12	0.018 06	0.020 35	0.022 01	0.023 33
		城镇进出口贸易总额	0.014 14	0.012 57	0.015 51	0.017 59	0.019 38	0.021 17	0.025 15
	物流效益分析	城镇物流从业人数	0.013 22	0.012 39	0.011 48	0.020 04	0.020 81	0.022 95	0.022 96
		现代物流业产值占 GDP 比例	0.025 10	0.023 31	0.020 84	0.014 79	0.014 12	0.012 55	0.013 22

6.3.4　耦合协调分析

依据熵值法确定的权重，按照评价指数与耦合协调度的计算方法，得到 2008—2014 年长沙市新型城镇化与现代物流业系统两者各个年份的评价指数与系统耦合协调度。结果如表 6-9、6-10 所示。

表 6-9　新型城镇化与现代物流业系统的评价指数值

年　份	新城城镇化的评价指数 $U1$	现代物流业的评价指数 $U2$
2008	0.095 711 51	0.161 173
2009	0.126 762 79	0.173 798
2010	0.181 287 38	0.237 334
2011	0.220 058 1	0.281 202
2012	0.254 601 5	0.234 768
2013	0.313 419 6	0.272 771
2014	0.382 846 03	0.293 824

表 6-10　2008—2012 年长沙新型城镇化与现代物流业耦合强度与协调程度

年　份	耦合度	协调度	耦合强度与协调程度
2008	0.483 5	0.249 2	颉颃耦合与低度协调阶段
2009	0.493 8	0.272 4	颉颃耦合与低度协调阶段
2010	0.495 5	0.322 0	颉颃耦合与中度协调阶段
2011	0.496 3	0.352 7	颉颃耦合与中度协调阶段
2012	0.499 6	0.349 6	颉颃耦合与中度协调阶段
2013	0.498 8	0.382 4	颉颃耦合与中度协调阶段
2014	0.495 7	0.409 5	颉颃耦合与中度协调阶段

从表 6-9 和表 6-10 可知，长沙市的新型城镇化进程和现代物流业服务水平均有较大程度的提升。利用 Spss 软件对两者的评价指数进行相关性分析，得出两者的 Pearson 相关性为 0.879，这表明长沙市新型城镇化与现代物流业发展在 0.01 水平（双侧）上显著相关，存在非常强的耦合协调发展关系。观察表 6-9 中两者的评价指数 $U1$、$U2$ 的值，可以看出 2009—2011 年两者的发展增速显著提高，"十一五"计划末与"十二五"计划初湖南省大力发展城镇经济和现代物流业的政策在长沙市取得了显著成效；2008—2009 年，受全球金融

危机的影响，城镇进出口贸易总额与现代物流业从业人数均出现了下滑，导致长沙市城镇化进程较为缓慢，现代物流业的发展也受到了一定的冲击。从 2010 年开始，长沙市的城镇化与经济取得了长足的进步，现代物流业的发展更是步入了黄金发展时期，长沙市现代物流业实现了强烈的反弹式增长。2008—2014 年长沙的新型城镇化和现代物流业的耦合度一直处于颉颃耦合，两个系统的耦合协调度在 2008—2009 年处于低度协调阶段，在 2010—2014 年发展到了中度协调阶段，现代物流业与新型城镇化的耦合协同效应得到了逐步加强。在此期间，长沙市的现代物流业发展速度较新型城镇化来说是较为滞后的，说明了长沙市现代物流业发展需求落后于新型城镇化的发展速度，这既会给城镇化的进程带来一系列的问题，也会制约新型城镇化的发展。在 2013 年，长沙市的城镇化水平突破了 70%，城镇化的快速发展使城市经济得到了迅猛发展，产业与城市空间布局结构更加合理，为接下来现代物流业的飞速发展提供了保障。总的来说，自 2010 年以来，长沙的经济加速发展，现代物流业水平不断提升，现代物流业与城镇化向着高度协调的耦合状态不断发展。

6.3.5 结论

本书从新型城镇化和现代物流业的互动演进耦合发展关系出发，对两大系统的作用分别进行了阐述，建立了耦合度模型分析两者之间的耦合发展关系，并以长沙市为例进行了实证研究，分析了长沙新型城镇化和现代物流业耦合发展程度，同时运用 Spss 软件对两者的相关性进行了计算，结果表明长沙新型城镇化和现代物流业目前处于中度协调耦合阶段，两者具有显著的相关性，正不断朝着高度协调的耦合状态发展。针对目前物流发展速度跟不上城镇化进程的步伐的问题，本书提出以下几点建议。

（1）长沙市"十三五"规划指出应推进城乡发展一体化，开辟农村广阔发展空间。因此，在新型城镇化推进过程中，应把农村农产品物流放在重要位置，针对目前农产品物流基础设施薄弱的问题，政府应加大农产品物流基础设施，如冷藏保鲜设备与科研的投入力度。打造更专业的农产品物流服务，全面提升长沙市现代物流业服务水平。

（2）在新型城镇化建设过程中，要充分考虑到现代物流业的推动作用，提前统一规划，构建协同机制，必须将现代物流业的发展纳入长沙各地方的新型城镇化建设的总体规划中来。同时，要重视物流人才的培养，培养更多懂物流管理、会物流技术、懂物流操作的物流人才，加强物流宣传与培训物流意识，特别是城乡结合地带与农村地区，更应该有针对性地加强实地培训操作。现代物流业应该抓住新型城镇化飞速发展带来的机遇，优化物流设施布局，实现现代物流业转型升级，从而迎来大发展、大提速。

（3）新城城镇化在发展过程中应重视城镇化与现代物流业耦合互动发展的战略安排，要综合考虑现代物流业发展的现状结构升级的程度，在城镇建设过程中，建设功能完善、综合承载能力强的物流基础设施，引导现代物流业的发展，引导物流业朝注重质量与效益的方向不断进步，使新城城镇化与现代物流业耦合协调程度更上一层楼。

6.4　现代物流业与城镇化互动影响因素分析——以湖南省为例

湖南省作为传统农业大省，"十三五"之前城镇化发展一直落后于全国平均水平，进入"十三五"后，其全省城镇化建设保持高速发展态势，远超全国平均水平。截至 2017 年末，湖南省城镇化率与全国平均水平的差距已由"十一五"末的 6.38 个百分点，缩小到 3.9 个百分点，在全国各省份中由 2010 年的第 22 位上升至第 20 位。虽然湖南省城镇化发展迅速，但仍然有很长的一段路需要走。湖南省统计局分析认为，近两年湖南省城镇化主要依靠各级政府大规模行政区划调整推动，未来城镇化的发展应该更加注重以人为本，提高城镇化的质量和效率，在适度扩大城市规模的同时，注重加强城市基础设施建设，同步增强城市在就业、医疗、教育、社会保障等方面的综合承载力。[①]与此同时，"十二五"期间湖南省物流产业规模快速增长，服务能力显著提升，基础设施日趋完善，物流市场逐渐规范。总体上，物流业已进入"转型升级、体质增效"的发展新阶段。"十三五"时期，湖南省面临物流业结构调整持续加速、区位优势不断凸显、新的服务业态不断涌现、产业发展新动力逐步显现、行业发展由规模速度型增长方式向质量效率型增长方式转

① 安静瞮. 推动经济高质量发展要下大气力破难题、补短板 [J]. 北方济 ,2018(04):21-23.

型、资源环境承载约束日益加强等新形势。湖南省在努力建立布局合理、技术先进、便捷高效、绿色环保、安全有序的现代物流服务体系，建成长江经济带物流中心，物流业对经济社会发展的服务显著提升的同时，更应加强建设物流业推动城镇化发展。[①]为有针对性地进行建设，需对物流业与城镇化互动发展驱动因素做进一步分析。

6.4.1　现代物流业对城镇化驱动因素分析

1.研究方法与建模

（1）响应模型。物流城镇化响应是指城镇化发展带动了现代物流业，城镇化对物流业的推动作用做出的反馈。不同时序的城镇化水平大多体现在城镇均衡化、城镇稳定化、城镇幸福化等层面上。物流业发展会通过物流基础设施保障能力、物流经营主体运营能力、物流环境保障能力等层面体现出来，两事物的互动发展关系、响应程度的大小会受到多种直接或间接因素的影响，为直观的体现出湖南省物流业带动城镇化发展的响应程度，本书借鉴前人关于物流业与城镇化互动发展课题研究，分别选择湖南省 1992—2016 年物流业增加值以及湖南省城镇化率这两个发展指标，引入"物流城镇化响应系数"，用于衡量测度湖南省城镇化对物流业各因素的驱动作用的响应程度大小，具体的模型为

$$X_1 = \frac{C}{W} \qquad\qquad （模型 6.11）$$

在式中，X_1 代表物流城镇化响应程度系数；C 代表城镇化水平，这里以城镇化率代替；W 代表物流业总值，这里以交通运输仓储业增加值替代。模型以城镇化水平与物流业总值的比值表示城镇化水平对物流业发展的反馈程度。当响应系数 X_1 逐年增加时，可以理解为城镇化水平对物流业的响应程度递增；当响应系数 X_1 逐年减少时，可以理解为响应程度减少。

（2）多元计量回归模型。通过第 4 章现代物流业与新型城镇化互动机理分析可知，物流业发展会带动城镇均衡化、城镇稳定化、城镇幸福化进程，从而高质量推动城镇化发展，为探析物流业各因素对城镇化驱动程度建立函数模型

---

① 王汉宸 . 新型城镇化背景下山西省产业结构优化与区域物流能力互动关系研究 [D]. 太原理工大学，2015.

$$Y_i = (T_1)^{a_1}(T_2)^{b_2} e^{\lambda_1} \quad (i=1,2,3) \qquad （模型 6.12）$$

式中 Y_i 表示城镇化的三项指标，Y_1 表示均衡化水平，用第二、第三产业占生产总值比重表示，Y_2 表示稳定化水平，用就业比重表示；Y_3 表示幸福化水平用批发零售业增加值表示。T_1、T_2 分别表示影响城镇化发展的相关因素 1 和因素 2。a_1、b_1 分别表示对应的弹性系数，λ_1 为其他干扰因素。由于非线性的存在对其取对数处理，得到以下多元回归模型：

$$\ln Y_i = a \ln T_1 + b \ln T_2 + \lambda \qquad （模型 6.12）$$

本书取对物流业驱动因素 T_i 为 PF 批发零售增加值（亿元）、FN 非农从业人员（万人）、RJ 人均地区生产总值（万元）、XS 每万人口在校大学生数（人）、ZF 政府干预"一般运算内财政支出"（亿元）、JC 建成面积（平方公里）、DL 道路长度（公里）、JL 建成区绿地率（百分号）、GZ 城镇总固定资产投入（亿元）、SL 社会消费品零售总额（亿元）、JZ 进出口总额（亿美元）、PX 普通高等毕业人数（万人）、PG 批发零售固定资产投入（亿元）、GY 工业固体废物综合利用率（百分号）、DH 电话普及率（百分号）、HL 互联网用户数（万户）。理论上物流业的驱动作用越强，第二、第三产业占生产总值比重越高，均衡化水平越高，就业比重越大城镇化越具有稳定性，批发零售业增加值越快城镇幸福化水平越高。

2. 数据来源以及处理

结合湖南省新型城镇化以及两型社会的发展现状，为使研究物流业与城镇化两者之间的响应关系更直观、明显，选取湖南省 1992—2016 年近 25 年数据作为研究对象。考虑到数据来源与获取的局限性，针对各驱动城镇化因素，本书选取了湖南省自 2001 年以来近 16 年的发展数据作为研究对象，数据选取的来源主要有：《中国统计年鉴（2002—2017）》《湖南省统计年鉴（2002—2017）》、湖南省统计局网站、其他统计网站、相关市统计公报及其他统计资料。

由于数据获取受限，选择电话普及率表示城镇居民间信息化程度，选取互联网用户数表示城镇各产业间信息化程度，因此本书在城镇化相关数据不足的情况下，选取交通运输、仓储及邮政业增加值用于衡量整个物流业的发展，选取城镇人口占比表示城镇化水平。对需要进行加工才能使用的数据参考前文公式，运用 Excel2010 对数据进行运算处理。为避免数据度量单位不同而造成计算偏差，本文采用取对数方法对数据进行标准化处理。

3. 湖南省物流业驱动城镇化的时序分异特征

由图6-8可知，从1992年至2016年湖南省物流业发展和城镇化水平都取得很大程度的进展，物流业增加值由1992年的51.29亿元取对数后为1.71增加到2016年的1 356.56亿元取对数后为3.13，年均增长率为14.62个百分点。城镇化率由1992年的0.196取对数后为1.293增加到2016年的0.528取对数为1.722，年均增长率为4.22个百分点。湖南省物流业的良性发展使城镇化率在不断增加，但城镇化对物流业的响应系数整体上呈现不断降低的趋势，从1992的0.756下降到0.550，年均降低1.32个百分点，表明城镇化发展到一定程度后，如果物流业不能有针对性的发展，其对城镇化的驱动效果越来越弱。

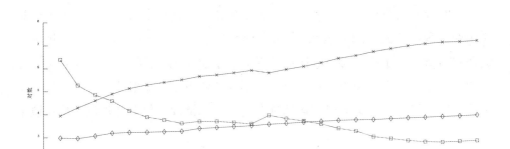

图6-8　湖南省物流业驱动城镇化过程（1992—2016）

从图6-8可知，1992年至2016年湖南省物流城镇化响应系数整体呈现下降趋势，但在下降中存在明显的幅度差异，1992年至1999年这一时期正处于国家"八五"和"九五"之间，伴随着邓小平南方讲话带动了社会加快改革开放的步伐，农村人口逐渐向城镇转移，经济开始复苏，市场环境稳定，社会物流基础设施开始逐渐兴起，由刚开始的物流建设快速带动农村人口向城镇转移，弥补了工作岗位空缺，出现了较高的响应系数。物流业的发展对城镇化的驱动作用较比之前明显不是决定作用，虽然物流业年均增长率达到4.9个百分点，城镇化水平年均增长1.3个百分点，但城镇化对物流业发展的响应系数呈现急剧降低，由0.756降低至0.594，年均降低3.4个百分点，表明在这一段时期内对城镇化的主要驱动作用并不是物流业,可能存在其他因素或物流业发展中存在逆向驱动作用,需进一步分析。

1999 年至 2004 年这一时期处于国家第十个五年计划期间,我国提出城镇化战略,受西部大开发及对城镇等基础设施的投入建设等影响,城镇化率仍稳定增长且年均增长率与前期相比有所增加,为 3.5 个百分点。农业、工业、现代服务业等得到有效发展,城镇工业等基础设施建设不断完善,物流业发展整体仍然处于上升水平,但受到非典影响,物流业增加值有所降低,年均增长率仅为 5.6 个百分点。城镇化响应系数与前期相比变化较不明显,但在 2003 年至 2004 年出现小幅度上升,年均增长率为 0.6 个百分点。表明这段时期内物流业发展的着重点对城镇化的驱动性相比之前得到了一定的提高。

2005 年至 2016 年城镇化率持续增加,年均增长率为 3 个百分点,恢复到第一时间阶段增长率,且城镇居民以及产业间信息化程度逐渐完善。此外,这一时期处于"十一五""十二五"期间,面对全球化的国际环境及国内科学发展观、互联网、电子商务等的高速发展,物流业发展水平持续提高,年均增长率为 11.01 个百分点,相比前期增速更快。2005 年至 2014 年物流业响应系数又呈现递减的趋势,该时期内年均降低率为 0.92 个百分点,与前期相比降低趋势有所回缓,表示物流业对城镇化的驱动性越来越低。

6.4.2 湖南省物流业驱动城镇化影响机制分析

1.城镇均衡化影响因素分析

由上文物流驱动城镇化模型对各影响因素进行计量回归分析,以检验变量之间的合理性。由模型可知 T_1、T_2 存在量纲不统一,为消除量纲问题对其进行取对数处理,此外为检验变量的合理性对各变量进行计量回归分析。由表 6-11 中的回归结果可知,本书选取的物流驱动城镇均衡化的因素均在 1% 水平下显著,且各因素均与城镇均衡化有较高的相关性。这表明本书研究物流驱动城镇均衡化的指标选取具有一定的合理性,指标数据可用。所选取的 6 个变量中,物流从业人员工资、货运周转量、货运量、物流业能源消耗 4 个因素与城镇均衡化发展的拟合系数 R^2 较高,分别为 0.97、0.95、0.95、0.94,表明提高湖南省物流业软性指标即工资待遇、运输效率、资源消耗等有利于带动第二、第三产业生产要素的流动，提高物流从业人员工资能够增加从业人员的质量，从而弥补相关服务环节的缺失和不足，货物周转量的增加能够促进城镇内部生产要素的转移，进而提高物流服务能力，增强城镇均衡化发展。载货车辆数、公路里程数与城镇均衡化发展的拟合系数分别为0.85、0.82，表明湖南省载货车辆数的增加能够带动各产业间要素的有效流动，能够反映城镇均衡化发展；公路里程数能够反映物流业在城市内部运营情况，能够在一定程度上促进城镇均衡化发展。

表6-11　物流驱动均衡化的影响因素分析

变　　量	lnZH	lnGL	lnHZ	lnHY	lnWX	lnWC
常数	4.09***	3.56***	3.82***	3.60***	3.92***	4.38***
	（107.50）	（31.82）	（102.74）	（67.17）	（112.04）	（1718.13）
$\ln Y_1$	0.09***	0.07***	0.08***	0.07***	0.08***	0.06***
	（9.21）	（7.85）	（16.54）	（15.63）	（14.88）	（25.50）
R^2	0.85	0.82	0.95	0.95	0.94	0.97
DW	1.42	0.89	1.03	0.99	1.81	1.92
F	84.81	61.70	273.41	244.41	221.41	650.50

资料来源：作者整理，其中 ***、**、* 分别表示在1%、5%、10%水平下显著；括号内为 t 统计值

各影响因素驱动作用动态分析如下。

利用 Eviews8.0 对物流驱动城镇化影响原理模型开展计量回归检验，从而研究不同的影响因子对物流驱动城镇化发展带来的整体影响。受目前统计数据限制，且各变量之间存在相关性，本书在对各驱动城镇化发展的影响因素之间做相关性分析的基础上，提取相关性较小的变量，选取双因素做回归分析研究其对城镇均衡化发展的驱动性，分别为载货车量与物流从业人员对城镇均衡化驱动水平、货物周转量与物流业能源消耗对城镇均衡化驱动水平、货运量与物流能源消耗对城镇均衡化驱动水平，其计量回归见表6-12。

表 6-12　计量回归表

变　量	$\ln Y_1$	R^2	DW	F	
常数	3.80***				
	（39.03）				
lnZH	0.058***				
	（4.06）	0.92	1.67	73.29	（1）
lnWR	0.035***				
	（3.10）				
常数	3.85***				
	（106.69）				
lnHZ	0.046***				
	（2.89）	0.96	1.48	173.47	（2）
lnWX	0.033**				
	（2.13）				
常数	3.73***				
	（41.57）				
lnHY	0.04**				
	（2.19）	0.95	1.48	143.02	（3）
lnWX	0.035**				
	（1.79）				

资料来源：作者整理，其中***、**、*分别表示在1%、5%、10%水平下显著；括号内为 t 统计值

　　从模型（1）（2）（3）的回归结果可以看出，货运周转量和物流业能源消耗对城镇均衡化的影响较大，其拟合系数 R^2 为 0.96。对于模型（1）而言，载货车辆数与均衡化发展有显著影响，其弹性系数为 0.058，而物流从业人员数量与均衡化发展弹性系数相对较低，为 0.035，这可能由于当前各产业物流运输更多的是需要车辆运输完成，物流从业人员相比载货车辆数对均衡化发展驱动性不是很强。对于模型（2）而言，货物周转量相比物流能源消耗更能驱动城镇化发展，其弹性系数为 0.046，且在 1% 显著水平下，物流业能源消耗与均衡化的弹性系数为 0.033，驱动作用不是很强，这可能由于目前物流业能源消耗与货物周

转量相比还未能达到推动其均衡化的水平，还有待进一步加强。对于模型（3）而言，货运量对均衡化发展起到驱动作用，其弹性系数为0.04，物流能源消耗对均衡化的弹性系数为0.035，驱动性相差不大，这可能是货运量和能源消耗之间发展比较同步。

2.城镇稳定化影响因素分析

由表6-13中的回归结果可知，本书选取的物流驱动城镇稳定化的因素均在1%水平下显著，且各因素均与城镇稳定化有较高的相关性。这表明本书研究物流驱动城镇稳定化的指标选取具有一定的合理性，指标数据可用。所选取的5个变量中，货运量（HY）、物流业增加值（WZ）、物流业固定资产投资（WG）3个因素与城镇稳定化发展的拟合系数 R^2 较高，分别为0.99、0.98、0.95，表明湖南省物流业硬性指标，即反映物流业经营主体运营能力的指标货运量、物流业增加值，以及物流环境保障能力指标，即体现政策支持的物流业固定资产投资对城镇化稳定发展有很大的推动作用。载货车辆数、公路里程数与城镇稳定化发展的拟合系数分别为0.85、0.82，表明湖南省物流经营主体运行能力指标中的载货车辆和基础设施指标中的公路里程也能够在一定程度上促进城镇均衡化发展，但相比前三者拟合度较小。

表6-13　物流驱动稳定性的影响因素分析

变　量	lnZH	lnGL	lnWZ	lnHY	lnWG
常数	3.35*** （5.31）	−6.81*** （−4.06）	1.58* （5.36）	−5.87*** （−17.80）	0.28 （0.48）
$\ln Y_2$	1.76*** （10.28）	1.39*** （9.92）	1.27*** （28.02）	1.35*** （47.61）	1.42*** （16.23）
R^2	0.88	0.87	0.98	0.99	0.95
DW	1.49	0.92	0.94	1.25	1.47
F	105.72	98.40	785.15	2266.59	263.47

各影响因素驱动作用动态分析如下。

利用Eviews8.0对物流驱动城镇化影响原理模型开展计量回归检验，从而研究不同的影响因子对物流驱动城镇化发展带来的整体影响。受目前统计数据限制，且各变量之间存在相关性，本书在对各驱动城镇化发展的影响因素之间做相关性分析的基础上，提取相关性较小的变量，选取双因素做回归分析研究其对城镇稳定化发展的驱动性，分别为载货车辆数和公路里程、载货车辆数和物流能源消耗货、公路里程和物流业增加值、公路里程和物流能源消耗、物流业增加值和物流能源消耗，其计量回归见表 6-14。

表 6-14　计量回归表

变　量	$\ln Y_1$	R^2	DW	F	
常数	−2.73**				
	（−2.30）				
lnZH	0.98***				
	（5.63）	0.963	2.54	173.05	（1）
lnGL	0.75***				
	（5.38）				
常数	0.90				
	（1.57）				
lnZH	0.56**				
	（2.36）	0.964	1.51	177.31	（2）
lnWX	1.02***				
	（5.48）				
常数	−0.08				
	（−0.10）				
lnGL	0.24***				
	（2.04）	0.986	1.33	482.90	（3）
lnWZ	1.08***				
	（10.44）				

续 表

变 量	$\ln Y_1$	R^2	DW	F	
常数	−2.46**				
	（−2.14）				
lnGL	0.45***				
	（2.64）	0.967	1.274	191.65	（4）
lnWX	1.01***				
	（6.03）				
常数	0.97***				
	（3.88）				
lnWZ	0.87***				
	（8.60）	0.99	1.817	855.55	（5）
lnWX	0.48***				
	（4.15）				

资料来源：作者整理，其中 ***、**、* 分别表示在1%、5%、10%水平下显著；括号内为 t 统计值。

从模型（1）（2）（3）（4）（5）的回归结果可以看出，物流业增加值和物流能源消耗对城镇稳定化的影响较大，其拟合系数 R^2 为0.99，可理解为城镇稳定化发展受此两项影响因素较大。对于模型（1）而言，载货车辆数与城镇稳定化发展有显著影响，其弹性系数为0.98，而公路里程数与稳定化发展弹性系数次之，为0.75，这可能由于载货车辆数相比公路里程数对地区生产总值有较大的影响，尤其对第二、第三产业生产总值有较大的推动作用。对于模型（2）而言物流能源消耗比载货车辆数更能驱动城镇稳定化发展，其弹性系数为1.02，且在1%显著水平下，载货车辆数与城镇稳定化发展的弹性系数为0.56，对城镇化稳定化的驱动作用相对较低。这可能由于随着社会的发展，物流能源消耗相比载货车辆数更能直观地反映人均生产总值，能源消耗对产业生产的驱动作用更强。对于模型（3）而言，物流业增加值比公路里程数更能驱动城镇化稳定发展，其弹性系数为1.08，且在1%显著水平下，公路里程对人均地区生产总值的弹性系数为0.24，驱动性相对较弱，这可能由于公路里程已不再作为单一的运输载体，随着城市的发展，更多的运输方式出现，而物流业增加值不仅体现了作为生产性服务业或第三产业服务水平的能力的提高，还直观地反映出其能引导并推动地区生产总值。对于模型（4）而言，物流能源消耗比公路里程数对城镇稳定化的驱动作用较强，其弹性系数为 1.01，且在 1% 水平下显著，公路里程数对城镇化的弹性系数为 0.45，这可能由于物流能源消耗在一定程度上更多的是反映物流业的运输能力，而地区生产总值逐渐受到其他运输方式的影响。对于模型（5）而言，物流业增加值比物流能源消耗对城镇稳定化的驱动作用强，其弹性系数为 0.87，且在 1% 水平下显著，物流能源消耗对城镇化的弹性系数为 0.48，这可能是因为在仅考虑此二因素对城镇稳定化驱动效果时，物流业增加值能够从服务能力上提高生产总值，而物流能源消耗反映的仅是对城镇运输动力的提供，两者相比服务能力更重要。

3. 城镇幸福化影响因素分析

由表 6-15 中的回归结果可知，本书选取的物流驱动城镇稳定化的因素均在 1% 水平下显著，且各因素均与城镇稳定化有较高的相关性。这表明本书研究物流驱动城镇稳定化的指标选取具有一定的合理性，指标数据可用。所选取的 6 个变量中，物流业增加值（WZ）、货运周转量（HZ）、货运量（HY）、物流能源消耗（WX）4 个因素与城镇稳定化发展的拟合系数 R^2 较高，分别为 0.99、0.98、0.98、0.93，表明湖南省物流业增加值、货运周转量、货运量、物流能源消耗等各因素能够在一定程度上影响城镇批发零售业增加值，进而影响幸福化水平。载货车辆数（ZH）、公路里程数（GL）与城镇幸福化发展的拟合系数分别为 0.89、0.86，表明此两种因素在一定程度上也能驱动城镇化幸福发展，反映了物流业基础设施建设水平和物流业务需求量等能够更好地服务城市批发零售业务，进而在一定程度上促进城镇稳定发展。

表 6-15　物流驱动幸福化的影响因素分析

变量	lnZH	lnGL	lnHZ	lnWZ	lnHY	lnWX
常数	0.68 （1.18）	-8.88*** （-5.14）	-4.05*** （-11.20）	-1.02*** （-5.51）	-8.10*** （-19.27）	-2.12*** （-3.11）
$\ln Y_3$	1.70*** （10.90）	1.32*** （9.17）	1.41*** （30.42）	1.23*** （42.99）	1.29*** （35.79）	1.35*** （13.30）

续 表

变 量	lnZH	lnGL	lnHZ	lnWZ	lnHY	lnWX
R^2	0.89	0.86	0.98	0.99	0.98	0.93
DW	1.61	0.89	0.94	1.28	1.14	1.16
F	118.88	84.01	925.53	1847.80	1280.59	176.95

各影响因素驱动作用动态分析如下。

利用 Eviews8.0 对物流驱动城镇化影响原理模型开展计量回归检验，从而研究不同的影响因子对物流驱动城镇化发展带来的整体影响。受目前统计数据限制，且各变量之间存在相关性，本书在对各驱动城镇化发展的各影响因素之间做相关性分析的基础上，提取相关性较小的变量，选取双因素做回归分析研究其对城镇稳定化发展的驱动性。分别为载货车辆数和货运量、载货车量数和能源消耗、物流业增加值和货运量、物流业增加值和物流能源消耗，其计量回归见表 6-16。

表 6-16　计量回归表

变　量	$\ln Y_1$	R^2	DW	F
常数	−7.10***			
	（−10.73）			
lnZH	0.24*			
	（1.87）	0.99	1.68	756.9 （1）
lnHY	1.13***			
	（12.16）			

变　量	$\ln Y_1$	R^2	DW	F
常数	−1.32**			
	（−2.10）			
lnZH	0.44***			
	（2.75）	0.95	1.33	133.82　（2）
lnYZ	0.83***			
	（4.07）			
常数	−4.16***			
	（−5.91）			
lnGL	0.70***			
	（5.92）	0.997	1.66	2215.25　（3）
lnWG	0.56***			
	（4.52）			
常数	−1.29***			
	（−6.34）			
lnYZ	1.05***			
	（12.72）	0.994	1.55	1186.04　（4）
lnWG	0.21**			
	（2.22）			

　　从模型（1）（2）（3）（4）的回归结果可以看出，载货车辆数和货运量对城镇稳定化的影响较大，其拟合系数 R^2 为 0.99，可理解为城镇幸福化发展受此两项影响因素较大。对于模型（1），货运量与城镇幸福化发展有显著的影响，其弹性系数为 1.13，而载货车辆数与幸福化发展弹性系数较低，为 0.24。这可能由于当前城镇批发零售业需求量除了通过车辆运输，还受到其他运输工具的影响。对于模型（2）而言，物流业能源消耗比载货车辆数更能驱动城镇幸福化发展，其弹性系数为 0.83，且在 1% 水平下显著，载货车辆总数与城镇

幸福化发展的弹性系数为 0.44，对城镇幸福化的驱动作用相对较低。这可能由于随着社会的发展，只考虑两个因素时能源消耗在驱动批发零售业方面相比，车辆数有更高的效益，尤其是目前新能源高速发展之时，交通运输日益多样化。对于模型（3）而言，公路里程数对城镇幸福化的弹性系数 0.70，固定资产投资对城镇幸福化的弹性系数为 0.56，且两者均在 1% 水平下显著，两者对幸福化水平的驱动差别不大，这表明公路建设与物流固定资产正处于同步发展阶段。对于模型（4）而言，邮政业务总量比物流固定资产投资对城镇幸福化的驱动作用较强，其弹性系数为 1.05，且在 1% 水平下显著，物流固定资产投资对城镇化的弹性系数仅为 0.21，这表明在考虑此两个因素对幸福化的驱动作用时，邮政业务总量更有利于驱动城镇幸福化。

4.结论和讨论

（1）相关结论。本节在借鉴前人对相关问题的研究基础上，运营相关研究方法引入物流城镇化响应测度模型，并构建物流驱动城镇化发展的影响机制模型，运用湖南省 1992—2016 年的相关数据，从物流驱动城镇均衡化、稳定化、幸福化三个层面探析物流业各项发展指标对城镇化的驱动过程和影响机制，并得到以下结论。

①物流城镇化响应的时序过程。1992—2016 年，湖南省物流驱动城镇化响应系数整体上呈现上升趋势，城镇化驱动物流业的作用越来越大。但随着城镇化发展方向的侧重点不同，响应系数也出现了相应的变化，可大致分为三个阶段：1992—1999 年，响应系数逐步上升阶段；2000—2004 年，响应系数逐步降低但并未达到历史最低；2005—2016 年，响应系数逐渐增加并达到历史最高。

②各影响因素对城镇均衡化的作用差异。湖南省城镇均衡化发展受物流从业人员工资、货运周转量、货运量、物流业能源消耗、载货车辆数、公路里程数等因素的影响。不同影响因素及考虑不同因素组合时，其对均衡化发展的驱动程度不同。政府部门可根据地区资源禀赋选择优先发展指标，以达到最佳效果的驱动城镇化均衡发展。在单因素作用下，物流从业人员工资对均衡化发展的拟合程度最高，但其驱动强度不如载货车辆数。考虑双因素作用下货物周转量和物流能源消耗对均衡化发展的拟合程度最高，货物周转量的驱动性大于物流能源消耗。

③各影响因素对城镇稳定化的作用差异。湖南省城镇稳定化发展受货运

量、物流业增加值、物流业固定资产投资、载货车辆数、公路里程数等因素
的影响。不同影响因素及考虑不同因素组合时，其对稳定化发展的驱动程度
不同。政府部门可根据地区资源禀赋选择优先发展指标，以达到最佳效果的
驱动城镇稳定化发展。在单因素作用下，货运量对稳定化发展的拟合程度最
高，但其驱动强度不如载货车辆数。考虑双因素作用下物流业增加值和物流
业能源消耗对稳定化发展的拟合程度最高，物流业增加值的驱动性大于物流
能源消耗。

④各影响因素对城镇幸福化的作用差异。湖南省城镇均衡化发展受物流业
增加值、货物周转量、货运量、物流能源消耗、载货车辆数、公路里程数等
因素的影响。不同影响因素及考虑不同因素组合时，其对幸福化发展的驱动
程度不同。政府部门可根据地区资源禀赋选择优先发展指标，以达到最佳效
果的驱动城镇幸福化发展。在单因素作用下物流业增加值对幸福化发展的拟
合程度最高，但其驱动强度不如载货车辆数。考虑双因素作用下公路里程和
物流固定资产投资对幸福化发展的拟合程度最高，公路里程的驱动性大于物
流固定资产投资。

（2）相关讨论。本节对湖南省物流业对城镇化的驱动强度进行实证分析，
为了能够更直观地得出响应系数，和弹性系数仅对各指标进行简单的对数处
理，此外关于城镇均衡化、稳定性、幸福化的指标选取的精确性有待进一步验
证，后续还需对指标选取进行明确分析。本节仅从一项、两项物流业指标建立
回归分析研究对城镇化的驱动性，后续还需进一步研究三项或四项等指标对城
镇化驱动性大小。

6.4.3　城镇化对现代物流业驱动因素分析

1.研究方法与建模

（1）响应模型。城镇化物流响应是指城镇化发展带动了现代物流业，物流
业对城镇化的推动作用做出的反馈。不同时序的物流业水平大多体现在基础设
施保障、物流经营主体运营能力、物流环境保障能力等层面上。城镇化发展会
通过人才结构、经济水平、城镇基础配置等方面体现出来，两者间的互动发展
关系、响应程度的大小会受到多种直接或间接的因素影响，为直观地表现出湖
南省城镇化带动现代物流业发展的响应程度，本书借鉴前人关于城镇化与物流

业互动发展课题研究，分别选择湖南省 1992—2016 年物流产业增加值及湖南省城镇化率这两个物流业与城镇化发展指标，同时引入城镇化物流响应程度系数，用于衡量湖南省现代物流业对城镇化各因素的驱动作用的响应程度，具体的模型为

$$X = \frac{W}{C} \qquad （模型 6.14）$$

式中，X 代表城镇化物流响应程度系数，W 代表物流业生产总值，这里以交通运输仓储业增加值替代，C 代表城镇化水平，这里以城镇化率代替。模型以物流业产值与城镇化率的比值反映出城镇化水平对物流业发展的反馈程度。当响应系数 X 逐年增加时，可以理解为城镇化水平对物流业的驱动作用递增；当响应系数 X 逐年减少时，可以理解为驱动作用减少。

（2）多元计量回归模型。通过第 4 章现代物流业与新型城镇化的互动机理分析可知，城镇化发展会带动物流业基础条件保障、物流经营主体运营能力、物流发展环境保障能力的提高，从而高质量推动物流业发展，为探析各城镇化指标对物流业发展驱动程度，建立函数模型

$$Y_i = (T_1)^a (T_2)^b e^\lambda \quad (i = 1, 2, 3) \qquad （模型 6.15）$$

式中，T_1、T_2 分别表示影响物流业发展的相关因素 1 和因素 2。a、b 分别表示对应的弹性系数，λ 为其他干扰因素。由于非线性的存在对其取对数处理，得到以下多元回归模型

$$\ln Y_i = a \ln T_1 + b \ln T_2 + \lambda \qquad （模型 6.16）$$

影响物流业驱动的城镇化因素 T 为 PF 批发零售增加值（亿元）、FN 非农从业人员（万人）、RJ 人均地区生产总值（万元）、XS 每万人口在校大学生数（人）、ZF 政府干预"一般运算内财政支出"（亿元）、JC 建成面积（平方公里）、DL 道路长度（公里）、JL 建成区绿地率（%）、GZ 城镇总固定资产投入（亿元）、SL 社会消费品零售总额（亿元）、JZ 进出口总额（亿美元）、PX 普通高等毕业人数（万人）、PG 批发零售固定资产投入（亿元）、GY 工业固体废物综合利用率（%）、DH 电话普及率（%）、HL 互联网用户数（万户）。理论上，城镇化的驱动作用越大，载货车辆数越多说明物流基础条件保障水平越高，物流

业能源消耗越多说明物流经营能力越强，货运量越多说明物流发展环境保障能力越强。

2.数据来源以及处理

结合湖南省新型城镇化及两型社会的发展现状，为使研究物流业与城镇化两者之间的响应关系更直观、明显，选取湖南省1992—2016年近25年数据作为研究对象。考虑到数据来源与获取的局限性，针对各驱动城镇化因素，本书选取了湖南省自2001年以来近16年的发展数据作为研究对象，数据选取的来源主要有《中国统计年鉴（2002—2017）》《湖南省统计年鉴（2002—2017）》、湖南省统计局网站、其他统计网站、相关市统计公报及其他统计资料。

由于数据获取受限，选择电话普及率表示城镇居民间信息化程度，选取互联网用户数表示城镇各产业间信息化程度，选取每万人口在校大学生数表示城镇人才水平。因此，本书在城镇化相关数据不足的情况下，选取交通运输、仓储及邮政业增加值用于衡量整个物流业的发展，选取城镇人口占比表示城镇化水平。对需要进行加工才能使用的数据参考前文公式，运用Excel2010对数据进行运算处理。为避免数据度量单位不同而造成计算偏差，本书采用取对数方法对数据进行标准化处理。

3.湖南省物流业驱动城镇化的时序分异特征

由图6-9可知，从1992年至2016年湖南省物流业发展和城镇化水平都取得很大程度的进展，物流业增加值由1992年51.29亿元取对数后为1.71，增加到2016年的1 356.56亿元取对数后为3.13，年均增长率为14.62个百分点。城镇化率由1992年的0.196取对数后为1.293增加到2016年的0.528取对数为1.722，年均增长率为4.22个百分点。湖南省物流业的良性发展使城镇化率在不断增加，物流业对城镇化的响应系数整体上在不断上升，从1992的1.323上升到1.819，年均增长率为1.34个百分点。响应系数的增长表明城镇化对物流业发展的驱动程度在逐渐增加，城镇化的发展在一定程度上能够推进物流业进程。

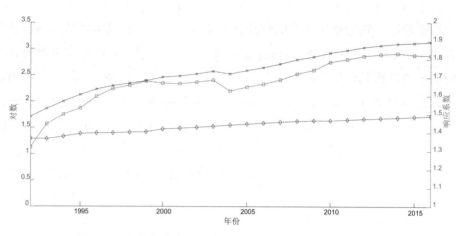

图 6-9 湖南省城镇化驱动物流业过程（1992—2016 年）

从图 6-9 可知，1992 年至 2016 年湖南省物流业响应系数整体上呈现上升趋势，但在城镇化波动不明显的情况下物流业仍然发生一定幅度的波动，1992年至 1999 年这一时期正处于国家第八个五年计划和第九个五年计划之间，伴随着邓小平南方谈话带动了社会加快改革开放的步伐，农村人口逐渐向城镇转移，第三产业、市场需求、基础设施等得到快速发展，物流对城镇化影响系数平稳增加，由 1.323 增加到 1.682，年均增长率 3.04 个百分点，城镇化年均增长率达到 3.77 个百分点，物流业发展年均增长率达到 21.66 个百分点。城镇化对物流业的影响程度大于整个时间段的平均水平。2000 年至 2004 年这一时期，国家处于第十个五年计划期间，城镇化战略被提出，并受西部大开发的影响，以及对城镇等基础设施的投入建设，城镇化率仍稳定增长且年均增长率与前期相比有所增加，为 3.5 个百分点。农业、工业、现代服务业等得到有效发展，国家重点对城镇、工业等基础设施的建设进行不断完善，物流业发展整体仍然处于上升水平，但受到"非典"影响，物流业增加值有所降低，年均增长率仅为 5.6 个百分点。物流业响应系数与前期相比趋于下降趋势，年均增长率为 –0.5 个百分点。这表明城镇化对物流业的驱动作用有所减缓。2005 年至 2016 年，城镇化率持续增加，年均增长率为 3 个百分点，恢复到第一时间阶段增长率，且城镇居民及产业间信息化程度逐渐完善。此外，这一时期处于国家第十一个五年计划和第十二个五年计划期间，面对全球化的国际环境及国内互联网、电子商务等的高速发展，物流业发展水平持续增加，年均增长率为11.01 个百分点，相比前期增速更快。2005 年至 2014 年，物流业响应系数逐年增加，2014 年之后递减，该时期内年均增长率为 0.8 个百分点，与前期相比趋于稳定增长，这表示城镇化对物流业的驱动比较明显。

6.4.4　湖南省城镇化驱动物流业影响机制分析

1. 物流业基础设施保障影响因素分析

由城镇化驱动物流业模型需对各影响因素进行计量回归分析，以检验变量之间的合理性。由模型可知，T_1、T_2 存在量纲不统一，为消除量纲问题对其进行取对数处理，此外为检验变量的合理性对各变量进行计量回归分析。由表 6-17 中的回归结果可知，本书选取的驱动物流基础设施的因素均在 1% 水平下显著，且各因素均与基础设施有较高的相关性。这表明本书研究城镇化驱动物流基础设施的指标选取具有一定的合理性，指标数据可用。在所选取的 7 个变量中，城镇总固定资产投入、进出口总额两个因素与物流基础设施保障发展的拟合系数分别为 0.90、0.92，较高，这表明增加湖南省城镇固定资产投入有利于推动物流业基础设施的完善，能够延伸物流基础设施的发展，增加进出口总额能够从整体上推动相关产业，加强物流基础设施投入，进一步提升驱动物流基础设施保障能力。批发零售业增加值、非农从业人员、互联网用户数与物流业基础设施保障的拟合系数分别为 0.89、0.87、0.85，这表明湖南省城镇化进程中对此几项指标的投入发展能够推动载货车辆数增加，进而提升驱动物流基础设施保障能力。

表 6-17　物流驱动均衡化的影响因素分析

变　量	lnPF	lnFN	lnGZ	lnJZ	lnHL
常数	0.03*** （0.09）	−1.32** （−2.52）	0.89*** （3.62）	1.89*** （13.22）	0.76** （2.35）
$\ln Y_1$	0.53*** （10.90）	1.46*** （9.56）	0.32*** （11.39）	0.33*** （12.66）	0.50*** （9.05）

续 表

变 量	lnPF	lnFN	lnGZ	lnJZ	lnHL
R^2	0.89	0.87	0.90	0.92	0.85
DW	1.79	1.92	1.73	2.53	2.10
F	118.88	91.46	129.76	160.40	81.81

资料来源：作者整理，其中 ***、**、* 分别表示在 1%、5%、10% 水平下显著；括号内为 t 统计值

各影响因素驱动作用动态分析如下。

利用 Eviews8.0 对城镇化驱动物流业影响原理模型开展计量回归检验，从而研究不同的城镇化水平对物流业发展所带来的整体影响。受目前统计数据限制，且各变量之间可能存在相关性，本书在此基础上对各驱动物流业发展的影响因素进行相关性分析的基础上，提取相关性较小的变量，选取双因素进行回归分析研究其对物流业基础设施发展的驱动性，分别为批发零售业增加值和互联网用户数对物流业基础设施的驱动水平、非农从业人员和互联网用户数对物流业基础设施的驱动水平、人均地区生产总值和城镇总固定资产投资对物流业基础设施的驱动水平、政府干预"一般预算内财政支出"和互联网用户数对物流业基础设施的驱动水平、进出口总额和互联网用户数对物流业基础设施的驱动水平，其计量回归如表 6-18 所示。

表 6-18　计量回归表

变 量	$\ln Y_1$	R^2	DW	F	序号
常数	0.16				
	（0.50）				
lnPF	0.34***				
	（3.28）	0.92	2.32	74.80	（1）
lnHL	0.20*				
	（2.03）				

续　表

变　量	$\ln Y_1$	R^2	DW	F	序号
常数	−0.56				
	（−0.99）				
lnFN	0.82**				
	（2.67）	0.91	2.42	62.38	（2）
lnHL	0.24**				
	（2.30）				
常数	0.71**				
	（2.96）				
lnGZ	0.21***				
	（3.51）	0.93	2.36	80.24	（3）
lnHL	0.19*				
	（1.97）				
常数	1.06***				
	（3.69）				
lnJZ	0.22**				
	（2.78）	0.90	2.34	64.47	（4）
lnHL	0.28***				
	（2.97）				

资料来源：作者整理，其中 ***、**、* 分别表示在 1%、5%、10% 水平下显著；括号内为 t 统计值

从模型（1）（2）（3）（4）的回归结果可以看出，总固定资产投资和互联网用户数对物流业基础设施保障的影响较大，其拟合系数 R^2 为 0.93，对于模型（1），仅考虑此两个因素时批发零售增加值与物流基础设施保障有一定的显著影响，其弹性系数为 0.34，且在 1% 水平下显著。互联网用户数与其弹

性系数相对较低，为 0.20，这可能由于零售业增加值能够直接促进各城市相关产业机构、团体直接投入基础设施建设，而互联网用户数代表城市信息化程度，其发挥更多的是间接作用。对于模型（2）而言，非农就业人员数相比互联网用户数更能驱动物流基础设施保障发展，其弹性系数为 0.82，互联网用户数与物流基础设施保障的弹性系数为 0.24，驱动作用不是很强，这可能由于非农从业人员的增加能够推进城市就业链的提升，从而提高相应的产能，而互联网用户数与此相比更多的仍然属于间接的驱动作用。对于模型（3）而言，城市总固定资产投资对物流业基础设施的驱动性与互联网用户数相差不大，前者的弹性系数为 0.21，后者的弹性系数为 0.19，这可能由于在仅考虑两因素时总固定资产投入与互联网用户数之间发展比较同步。对于模型（4），进出口总额与互联网用户数对物流基础设施建设的驱动性相比较小，为 0.22，而后者的驱动性为 0.28。进一步分析可知，进出口贸易额增加可能更多的是推动城镇产业结构升级带来的外企技术、资金的引入，对物流业发展更多的是起到间接的作用。

2.物流经营主体运营能力影响因素分析

由表 6-19 中的回归结果可知，本书选取的城镇驱动物流经营主体的因素均在 1% 水平下显著，且各因素均与物流经营主体运营能力有较高的相关性。这表明本书研究城镇驱动物流经营主体运营能力的指标选取具有一定的合理性，指标数据可用。所选取的 5 个变量中，政府干预"一般预算内财政支出"（ZF）、批发零售业增加值（PF）、进出口总额（JZ）与物流经营主体运营能力的拟合系数 R^2 分别为 0.99、0.98、0.98，较高，这表明湖南省城镇化日常品需求、对外进出口等消费性以及政府财政支出等硬性指标对提高物流运营能力有较大的驱动性。道路长度、城镇建成面积与物流经营主体运营能力的拟合系数分别为 0.89、0.81，这表明湖南省道路长度作为物流运营的一项辅助基础设施，其日益增加能够逐渐优化配送路线，进而增加单位时间货运量，而城镇建成面积作为物流需求和供给的一个载体也能够起到间接推动物流经营能力的作用，但相比前三者拟合度较小。

表 6-19　物流驱动稳定性的影响因素分析

变　量	lnPF	lnZF	lnJC	lnDL	lnJZ
常数	6.34*** （42.52）	7.43*** （70.42）	0.46* （0.31）	−0.21 （−0.19）	8.74 （79.44）
lnY₂	0.76*** （35.79）	0.56*** （40.30）	1.57*** （7.67）	1.31*** （10.43）	0.62*** （26.85）
R^2	0.98	0.99	0.81	0.89	0.98
DW	1.14	1.37	1.99	2.11	1.47
F	128 0	1624	58.77	108.80	721.1

资料来源：作者整理，其中 ***、**、* 分别表示在 1%、5%、10% 水平下显著；括号内为 t 统计值。

各影响因素驱动作用动态分析如下。

利用 Eviews8.0 对城镇化驱动物流运营能力影响原理模型开展计量回归检验，从而研究不同的影响因子对物流运营能力发展所带来的整体影响。受目前统计数据限制，且由于各变量之间可能存在相关性，本书在对各驱动物流运营能力发展的各影响因素之间进行相关性分析的基础上，提取相关性较小的变量，选取双因素进行回归分析研究其对物流经营主体运营能力发展的驱动性，分别为批发零售业增加值和进出口总额、政府干预"一般预算财政内财政支出"、建成面积和道路长度，其计量回归结果如表 6-20 所示。

表 6-20　计量回归结果表

变　量	$\ln Y_1$	R^2	DW	F
常数	725*** （29）			
lnPF	0.46*** （6.15）	0.99	1.68	1328.33 （1）
lnJZ	0.25*** （3.98）			

续 表

变 量	$\ln Y_1$	R^2	DW	F
常数	0.16			
	（−0.15）			
lnJC	−1.47*			
	（−1.80）	0.91	1.81	64.75 （2）
lnDL	2.48***			
	（3.80）			
常数	7.81			
	（40.53）			
lnZF	0.40***			
	（5.18）	0.99	1.41	1039 （3）
lnJZ	0.19**			
	（2.21）			

资料来源：作者整理，其中***、**、*分别表示在1%、5%、10%水平下显著；括号内为 t 统计值。

从模型（1）（2）（3）的回归结果可以看出，城镇批发零售增加值和进出口总额对物流经营主体运营能力的影响较大，其拟合系数 R^2 为0.99，可理解为物流业经营运营能力的发展受此两项影响因素较大。对于模型（1），批发零售增加值与物流运营能力提高有一定的显著影响，其弹性系数为0.46，而进出口总额与之相比驱动性次之，其对物流运营能力的弹性系数为0.25，这可能由于批发零售更多的与城镇居民日常生活直接相关对物流运营能力的要求较高，且随之需求的增加对提高其相关运营能力的投入较大，而进出口总额与之相比则次之。对于模型（2）而言，道路长度对物流运营能力的弹性系数为2.48，较大，且在1%水平下显著，在仅考虑此两个因素对物流运营能力驱动的影响下城镇建成面积的弹性系数为负，这可能由于现有道路、建成面积比还未能够达到协同驱动物流运营能力水平，城镇建设相比道路修建已经严重过度，不利于提高物流运营能力，使目前大多城市房地产兴起，造成大量空房现象。对于模型（3）而言，政府干预"一般预算内财政支出"相比进出口总额更能驱动物流运营能力提高，其弹性系数为 0.40，且在 1% 水平下显著，进出口总额对货运量的弹性系数为 0.19，驱动性相对较弱，这可能由于在仅考虑两个因素下政府"一般预算内财政支出"能够刺激消费或者提高相关物流运营水平，而进出口总额在这方面与之相比较次之。

3. 物流环境保障影响因素分析

由表 6-21 中的回归结果可知，本书选取的城镇化驱动物流环境保障能力的因素均在 1% 水平下显著，且各因素均与物流环境保障有较高的相关性。这表明本书研究城镇驱动物流环境保障的指标选取具有一定的合理性，指标数据可用。在所选取的 5 个变量中，人均地区生产总值（RJ）、政府干预"一般财政支出"（ZF）、批发零售增加值（PF）、每万人在校大学生数（XS）四个因素与物流环境保障能力的拟合系数 R^2 分别为 0.95、0.94、0.93、0.92，较高，这表明湖南省城镇化人均地区生产总值、政府干预一般财政支出、批发零售业增加值、每万人在校大学生数等各因素能够在一定程度上影响物流能源水平，进而提高物流业环境保障能力。道路长度、物流环境保障能力的拟合系数表明湖南省道路用于汽车运输大多消耗石油等大量排放含碳含氮气体，受环境治理的影响，物流能源消耗越来越受到其他要素的限制，受道路长度影响相比前四者较小。

表 6-21　城镇化驱动物流环境的影响因素分析

变　量	lnPF	lnRJ	lnXS	lnZF	lnDL
常数	1.95*** （5.42）	6.31*** （168.07）	1.66*** （4.19）	2.91*** （11.20）	−4.14*** （−3.58）
$\ln Y_3$	0.69*** （13.3）	0.67*** （16.23）	1.04*** （12.84）	0.51*** （14.79）	1.21*** （9.39）
R^2	0.93	0.95	0.92	0.94	0.86
DW	1.23	1.54	1.43	1.58	2.02
F	176.95	263.47	164.90	218.80	88.26

资料来源：作者整理，其中 ***、**、* 分别表示在 1%、5%、10% 水平下显著；括号内为 t 统计值。

各影响因素驱动作用动态分析如下。

利用 Eviews8.0 对城镇化驱动物流环境保障能力影响原理模型开展计量回归检验，从而研究不同的影响因子对物流环境保障能力发展所带来的整体影响。受目前统计数据限制，且由于各变量之间可能存在相关性，本书在对各驱动物流环境保障能力发展的各影响因素之间进行相关性分析的基础上，提取相关性较小的变量，选取双因素进行回归分析研究其对物流环境保障能力的驱动性，分别为批发零售业增加值和城镇人才水平、人均地区生产总值和政府干预"一般预算财政内财政支出"、城镇人才水平和政府干预"一般预算内财政支出"、城镇人才水平和道路长度，其计量回归结果如表 6-22 所示。

表 6-22　城镇化驱动物流环境的回归分析

变　量	$\ln Y_1$	R^2	DW	F	
常数	1.68***				
	(5.09)				
lnPF	0.37**				
	(2.70)	0.95	1.78	123.07	(1)
lnXS	0.51**				
	(2.45)				
常数	20.92***				
	(3.93)				
lnRJ	3.52***				
	(3.39)	0.97	1.54	197.02	(2)
lnZF	-2.17***				
	(-2.75)				
常数	2.33***				
	(5.82)				
lnXS	0.41*				
	(1.78)	0.95	1.92	128.04	(3)
lnZF	0.32**				
	(2.84)				

续　表

变　量	$\ln Y_1$	R^2	DW	F
常数	−0.55			
	（−0.46）			
lnXS	0.72***			
	（4.04）	0.94	1.93	100.52　（4）
lnDL	0.42*			
	（1.94）			

资料来源：作者整理，其中 ***、**、* 分别表示在 1%、5%、10% 水平下显著；括号内为 t 统计值。

从模型（1）（2）（3）（4）的回归结果可以看出，城镇人才水平和政府干预"一般预算财政支出"对物流环境保障能力的影响较大，其拟合系数 R^2 为 0.95，DW 值为 1.92，可理解为物流环境保障发展受此两项影响因素较大。对于模型（1），城镇人才水平与物流环境保障发展有一定的显著影响，其弹性系数为 0.51，而批发零售业增加值与物流环境保障发展弹性系数与之相比较低，为 0.37，这可能由于人才水平能够从各方面驱动能源问题。对于模型（2）而言，人均地区生产总值增加更能够驱动物流能源消耗，驱动物流环境保障能力发展，其弹性系数为 3.52，且在 1% 水平下显著，而在仅考虑这两种因素下政府干预"一般预算投入"与物流能源消耗的弹性系数为 −2.17，对其的驱动作用为负。这可能由于随着人均生产总值的不断提高，政府一般预算更多的逐渐投入环境保护上，降低城市污染排放，使物流业运营能源逐渐不足，降低其物流运营环境保障能力。对于模型（3）而言，城镇人才水平对物流环境保障能力的弹性系数 0.41，政府干预"一般预算内财政支出"对物流环境保障能力的弹性系数为 0.32，略低于前者，这表明城镇人才培养和政府预算对物流业投入处于相对同步发展阶段。对于模型（4）而言，城镇人才水平比公路长度对物流环境保障的驱动作用较强，其弹性系数为 0.72，且在 1% 水平下显著，道路长度对物流环境保障能力的弹性系数为 0.42，这表明在考虑此两个因素对物流环境保障能力的驱动作用时，城镇人才水平更有利于驱动其发展。

4.结论和讨论

（1）相关结论。本节在借鉴前人对相关问题的研究基础上，运用相关研究方法引入物流城镇化响应测度模型，并构建城镇化驱动物流业发展的影响机制模型，运用湖南省 1992—2016 年的相关数据，从城镇化驱动物流业基础条件保障、物流经营主体运营能力、物流环境保障能力三个层面探析城镇化各项发展指标对物流业发展的驱动过程和影响机制，并得出以下结论。

①物流城镇化响应的时序过程。1992—2016 年，湖南省城镇化驱动物流业响应系数整体呈现上升趋势，城镇化驱动物流业的作用越来越大。但随着城镇化发展方向的侧重点不同，响应系数也出现了相应的变化，可大致看成三个阶段：1992–1999 年，响应系数逐步上升；2000—2004 年，响应系数逐步降低但并未达到历史最低；2005—2016 年，响应系数逐渐增加并达到历史最高。

②各影响因素对物流基础条件保障的作用差异。湖南省物流基础条件保障主要受批发零售业增加值、非农从业人员、总固定资产投资、进出口总额、互联网用户数等因素的影响。不同影响因素及不同影响因素组合对均衡化发展的驱动程度不同，存在驱动程度增加或减弱的效果，政府部门可根据地区资源禀赋选择优先发展指标，以达到最大效果的驱动城镇化均衡发展。在单因素作用下，进出口总额对物流基础条件保障的拟合程度最高，但其驱动强度不如非农就业人数。考虑双因素作用下总固定资产投入和互联网用户数对物流基础条件保障发展的拟合程度最高，其中总固定资产投资的驱动性大于互联网用户数。

③各影响因素对物流业运营能力保障的作用差异。湖南省城镇稳定化发展受批发零售业增加值、政府干预"一般预算内财政支出"、城镇建成面积、道路长度、进出口总额等因素的影响。不同影响因素及不同影响因素组合对物流经营主体运营能力的驱动程度不同，存在驱动程度增加或减弱的效果，政府部门可根据地区资源禀赋选择优先发展指标，以达到最大效果的驱动物流经营运营能力发展。在单因素作用下，政府一般预算内财政支出对物流经营运营能力发展的拟合程度最高，但其驱动强度不如城镇建成面积。考虑双因素作用下批发零售增加值和进出口总额对物流经营主体运营能力发展的拟合程度最高，批发零售业的增加值驱动性大于进出口总额。

④各影响因素对物流环境保障能力的作用差异。湖南省物流环境保障能力的发展受批发零售增加值、人均地区生产总值、每万人口在校大学生数、政府干预一般预算内财政支出等因素的影响。不同影响因素及不同影响因素组合对

物流环境保障能力的驱动程度不同，存在驱动程度增加或减弱的效果，政府部门可根据地区资源禀赋选择优先发展指标，以达到最大效果的驱动物流业环境保障能力的发展。在单因素作用下，人均地区生产总值对物流环境保障能力的拟合程度最高，但其驱动强度不如道路长度。考虑双因素作用下城镇人才水平（每万人在校大学生数）和政府一般预算内财政支出对物流环境保障能力的拟合程度最高，城镇人才水平的驱动性大于政府干预一般预算内财政支出。

（2）相关讨论。本节对湖南省城镇化对物流业的驱动强度进行实证分析，为了更直观地得出响应系数和弹性系数，仅对各指标进行简单的对数处理，关于物流业基础条件保障、物流经营主体运营能力、物流环境保障能力的指标选取的精确性还有待进一步验证，后续需对指标选取进行明确分析。本节仅从一项、两项城镇化指标建立回归分析，研究对物流业的驱动性，后续还需进一步研究三项或四项等指标对物流业驱动性的大小。

第 7 章
研究结论

7.1　主要结论

现代物流业已日渐成为优化生产布局、调整产业结构及促进新型城镇化发展的一项战略举措，相关文件也分别从政策层面提出了大力发展物流业，建设物流强国和物流大省的具体要求。实践证明，产业结构优化对区域物流能力提升及新型城镇化的发展确实存在一定的促进作用，且三者在发展中联系密切。在新型城镇化建设的关键阶段，产业结构优化与现代物流的研究日益迫切。基于此，本书研究了新型城镇化、产业结构优化与现代物流之间的互动关系，得出以下观点和结论。

一是增加了"产业结构可持续化"这一维度，从实现我国新型城镇化"节约集约、生态宜居、和谐发展"的建设目标出发，补充了产业结构优化的概念和内涵，即产业结构优化的内容包括产业结构合理化、产业结构高度化及产业结构可持续化。二是在现有研究的基础上，本书对产业结构优化与现代物流业互动作用机制进行了分析。两者在互动发展中扮演不同角色，产业结构优化是区域物流能力提升的驱动力，区域物流能力提升是产业结构优化的催化剂。通过对现代物流业与新型城镇化互动作用机制的分析，得出结论：这两者也相互促进，现代物流业是新型城镇化发展强有力的支撑，新型城镇化是现代物流业发展的牵引力。三是通过湖南省 1996—2015 年的年度数据研究、分析新型城镇化建设与物流业发展之间的内在关联机制，运用格兰杰因果关系检验法，发现湖南省城镇化与物流业互为格兰杰原因。从脉冲响应函数来看，物流业对新型城镇化建设的作用在短时间内不是非常明显，但就长期而言，物流业发展对新型城镇化的作用会越来越显著。湖南省新型城镇化建设与物流业发展存在显著的正相关性，且相关性随着经济的发展与进步呈现稳步上升趋势。四是通过采用 VAR 模型对广东省现代物流业与新型城镇化进行实证分析，发现广东省现代物流业与新型城镇化存在相互促进作用，物流业与新型城镇化之间的互动发展是长期且持续的。以上针对产业结构优化、新型城镇化与现代物流互动发展进行实证分析并据此提出针对性的对策建议，在一定程度上为推动产业结构优化、新型城镇化与现代物流的科学协调发展提供了有益参考。

7.2　实践意义

本书研究的实践意义主要体现在以下两个方面。

1. 拓展了产业结构理论的研究视角。本书从新型城镇化建设目标和要求出发，增加产业结构可持续化这一维度，是对现有产业结构理论的合理补充。同时，对于以生态化、可持续发展观念指导产业结构优化实践，服务新型城镇化建设、现代物流业的发展有启示作用。

2. 建立现代物流业与新型城镇化关联机制分析，对湖南省新型城镇化和物流业进行模型构建分析，可为推动湖南省区域经济的发展与制定相关产业政策提供数据支撑，并对现代物流业与新型城镇化进行互动关系测度，这有助于明确影响两者互动发展的关键因素，促进两者的良性发展。借助向量自回归模型（VAR）对广东省现代物流业与新型城镇化互动发展进行实证分析并据此提出针对性的对策建议，在一定程度上能为推动广东省现代物流业与新型城镇化的科学协调发展提供有益参考。

第 8 章
研究展望

8.1　研究局限

本书立足湖南省的发展实况，对省域内的产业结构优化、现代物流业和新型城镇化之间的互动关系进行了定性研究和定量分析，为促进三者的良性互动发展及推动区域经济协调发展提供了有益参考。但由于笔者的研究水平和研究视角有限，因此本书还存在诸多的不足之处，希望在今后的研究中能加以改进。

1. 由于存在理解偏差，文献综述及理论研究剖析不到位，研究层次不够深入，研究视角比较局限。尤其是对本书末尾的对策建议，针对性和契合度还有待提高。

2. 现有的理论研究大多集中在新型城镇化与经济发展、物流业与经济发展方面，有关新型城镇化与现代物流业的互动发展方面的研究较少。国内外研究学者尚未形成统一定论，因此本书在互动关系综合测度方面还存在许多缺陷，评价指标的选取方面考虑不够，指标体系的科学性和综合性也有所欠缺。

3. 由于受到数据的可获得性、统计标准的差异性以及测量方法的局限性等因素的影响，本书实证部分研究有所欠缺，对理论研究部分的支撑作用不足。

8.2　未来的研究方向

本书关于产业结构优化与区域物流能力互动关系的研究主要针对的是湖南省、广东省的发展实际，因此应用范围有限，且研究中尚存在诸多不足。后续若开展研究工作需加强对文献的阅读与理解归纳，减少因理解偏差而造成的信息失真；在评价指标的选取及体系构建方面，需要进一步提升对文献和理论的梳理分析能力，同时配合实证检验对相关评价指标系统进行调整；在研究采用的方式方法的基础上，继续探索新的研究方法与研究方式，对现有定量分析方法进行改进，以提高定量分析的准确性和科学性，增强实证研究部分的衔接性和说服力。此外，还应努力拓宽研究视角的宽度和广度，增加研究的样本量，站在更高的角度对本课题进行深入挖掘，以提升对策建议的针对性和契合度。